Ball: 1878 malte Adolf Menzel ein »Ballsouper« (Abendessen mit Tanz) am preußischen Königshof. Der Besuch solcher Feste gehörte zu den Verpflichtungen vieler Adeliger.

Bettina Musall und Eva-Maria Schnurr (Hg.)

DIE WELT DES ADELS

Bettina Musall und Eva-Maria Schnurr (Hg.)

DIE WELT DES ADELS

Europas Herrscherhäuser
vom Mittelalter bis heute

Mit Beiträgen von
Eckart Conze, Jutta Ditfurth, Uwe Klußmann,
Nils Minkmar, Joachim Mohr, Torben Müller, Bettina Musall,
Frank Patalong, Martin Pfaffenzeller, Johannes Saltzwedel,
Eva-Maria Schnurr, Patrick Spät, Benno Stieber,
Anke Wellnitz

Deutsche Verlags-Anstalt

Sollte diese Publikation Links auf Webseiten Dritter enthalten, so übernehmen wir für deren Inhalte keine Haftung, da wir uns diese nicht zu eigen machen, sondern lediglich auf deren Stand zum Zeitpunkt der Erstveröffentlichung verweisen.
Die Texte dieses Buches sind erstmals in dem Magazin »Der Adel. Zum Herrschen geboren? Warum viele Familien immer noch so mächtig sind« (Heft 6/2019) aus der Reihe SPIEGEL Geschichte erschienen.

Klimaneutral
Druckprodukt
ClimatePartner.com/14044-1912-1001

FSC
www.fsc.org
MIX
Papier aus verantwortungsvollen Quellen
FSC® C014496

Penguin Random House Verlagsgruppe FSC® N001967

1. Auflage März 2021

Umschlaggestaltung: Büro Jorge Schmidt, München
Umschlagabbildungen: © Bridgeman Images und
© bpk/Benno Wundshammer
Satz: Vornehm Mediengestaltung GmbH, München
Druck und Bindung: GGP Media GmbH, Pößneck
Printed in Germany
ISBN 978-3-421-04868-4
www.dva.de

Dieses Buch ist auch als E-Book erhältlich.

INHALT

Vorwort

»Höheres Menschsein« 15

Gab es den Adel immer schon? Eher nicht, sagt der Historiker Werner Hechberger im Interview. Und: Auch Normalsterbliche konnten aufsteigen.
Ein Interview von Eva-Maria Schnurr

Hochgeboren 26

Was bedeuten die verschiedenen Adelstitel?

Edle Mannen in schwerer Rüstung 28

Ritter prägten das Bild des Adels. Pracht und Risiko ihrer Lebensweise wurden zum Mythos.
Von Johannes Saltzwedel

Ein Pferd, ein Schwert und ein warmes Bad 38

Adel machte noch keinen Ritter – dafür bedurfte es einer eigenen Zeremonie. Der bis heute bekannte Ritterschlag kam erst im späteren Mittelalter auf.
Von Johannes Saltzwedel

Ergebenst dienen zum eigenen Vorteil 41

Die Habsburger Monarchen regierten mithilfe loyaler Adeliger wie der Familie Liechtenstein. Ein Geschäft auf Gegenseitigkeit.

Von Torben Müller

Mitsprache! 53

Wie der Adel in Ständeversammlungen mitregierte

À la mode 55

Stoffe, Schnitte, Farben – die Garderobe diente dazu, den adeligen Status hervorzuheben.

Von Bettina Musall

Die Alternativen 61

Arbeiten? Und etwa noch selbst? In der Theorie eine Zumutung für jeden Edelmann. In der Praxis nicht.

Von Benno Stieber

Was vom Adel übrig blieb 72

Gloria von Thurn und Taxis wurde als »Punk-Fürstin« bekannt. Heute fällt sie mit ultrarechten Thesen auf.

Von Uwe Klußmann

»Ich bin es meinem Haus und mir selbst schuldig« 77

Die Bürger forderten Gleichheit – und stürzten Frankreichs König. Für einen Grafen vom Niederrhein ging es nun um seine Existenz.

Von Joachim Mohr

»Sie glauben, noch zu führen« 88
Der Publizist Alexis de Tocqueville beschrieb, wie Missstände in der Aristokratie 1789 zum Umsturz in Frankreich führten.

»Mein ganzes Schicksal hat sich entschieden« 91
In Tagebüchern oder Briefen hielten adelige Damen Details aus ihrem Leben fest. Sie geben Einblicke in den Alltag von damals.
Von Eva-Maria Schnurr

»Unter gar keinen Umständen waschen« 113
Im 18. Jahrhundert leisteten sich Adelige lebende Schmuckeremiten zur Zierde ihrer Gärten. Was klingt wie der Gipfel der Exzentrik, hatte einen tieferen Sinn.
Von Patrick Spät

Aufstieg verwehrt 118
Die Verleihung eines Adelsprädikats galt als Ausweis gesellschaftlichen Erfolgs. Doch jüdische Familien wurden nur selten nobilitiert. Warum?
Von Nils Minkmar

Frondienst mit Freibier 128
Junker herrschten über Gut Stavenow, ihre Untertanen ackerten auf den Feldern. Die Macht schien klar verteilt – aber die Realität sah anders aus.
Von Martin Pfaffenzeller

Offizier mit Landbesitz 140
So herrschte der Landadel in Preußen
Von Martin Pfaffenzeller

»Wie soll es nur werden?« 143
Mit dem Kaiserreich verschwanden auch die adeligen Privilegien. Wie gingen die Aristokraten mit dem Statusverlust um?
Von Eckhart Conze

»Hüter des Thrones« 154
Die russische Revolution von 1917 ließ vom Adel nicht viel übrig. Den Rest erledigte er selbst.
Von Uwe Klußmann

Nützliche Handlanger 156
Große Teile des Adels kollaborierten mit den Nationalsozialisten. Einige organisierten als hohe SS-Führer sogar Massenmorde.
Von Uwe Klußmann

Sitz! 170
Hunde gehören zur adeligen Selbstdarstellung. Einige wurden europaweit berühmt.
Von Anke Wellnitz

Die Fugger 173
Profit und Seelenheil

»Wir wurden nie verbogen« 175
Hubertus Fürst und Alexander Graf Fugger-Babenhausen diskutieren über das Vermächtnis ihrer Vorfahren aus der Augsburger Kaufmannsdynastie.
Ein Interview von Bettina Musall

»Es gab nur eine Ausnahme« 191
Die Politikerin Jutta Ditfurth hat sich von ihrer adeligen Herkunft abgewandt. Ein Grund war die Geschichte ihrer Familie.
Von Jutta Ditfurth

Die Bibel der Salonlöwen 197
Wer in den »Gotha« aufgenommen wurde, war ganz oben angekommen.
Von Johannes Saltzwedel

Ein Stimmungsbild 199
Welche Rolle sollte die Aristokratie noch spielen?

Adelshäuser Europas 203
Porträtiert von Frank Patalong

ANHANG

Chronik 231
Buchempfehlungen 238
Autorenverzeichnis 241
Dank 242
Personenregister 243
Bildnachweis 254

VORWORT

Dafür, dass es den Adel eigentlich nicht mehr gibt, hat er sich gut gehalten. Hundert Jahre nachdem der ehemals gehobene Stand 1919 seine Vorrechte verlor, schauen Fürstinnen, Herzöge und Grafen noch immer von den Titelbildern einschlägiger Magazine herab. Adelsserien wie The Crown, Versailles oder Downton Abbey befriedigen mit immer neuen Staffeln eine verbreitete bürgerliche Sehnsucht nach Höherem. Die Geschichten von den vermeintlich Bessergestellten, die mit exzentrischen Moden und glamourösen Lebensstilen längst versunkene Welten beschwören, bieten vielen eine Flucht aus dem öden Alltag. Und die Nachfahren ehemals mächtiger Fürstenhäuser spielen das Spiel mit: Sie inszenieren sich öffentlich, füttern den Voyeurismus der Massen mit immer neuen Bildern und behaupten sich so als klar identifizierbare Klasse von erstaunlicher Vitalität.

Woher rührt dieses unerschütterliche Selbstbewusstsein? Wird es gespeist aus Vergangenheitsverklärung? Haben die abgedankten Herrschaften bis heute mehr Einfluss auf Gesellschaft, Wirtschaft und Politik, als die demokratischen Institutionen der Bundesrepublik vermuten lassen? Oder gehört es traditionsgemäß zum Selbstverständnis von Familien mit Stammbaum und Familienarchiv, sich selbst trotz aller Gleichheitsrhetorik irgendwie doch erhaben zu fühlen über die Masse der Normalen?

Beim Verständnis der Gegenwart hilft, wie so oft, der Blick in die Geschichte. Seit dem Mittelalter entstand um die regierenden Herrscherhäuser Europas eine Adelsschicht, die Anspruch auf Privilegien und Mitregentschaft erhob – und in ihren eigenen Landen selbst über Menschen herrschte. Standesdünkel und Führungsanspruch von Aristokraten fußten von Beginn an auf einer vermeintlich gottgewollten Gesellschaftsordnung, die einer kleinen Schicht zugestand, etwas Besseres zu sein als alle anderen. Der international vernetzte Hochadel brauchte anfangs ergebene Kämpfer, um Kriege zu führen, später loyale Repräsentanten, um das Land zu regieren, und schließlich dienstbereite Hofschranzen, um sich selbst zu erhöhen. So sicherten die Monarchen die Privilegien ihrer aristokratischen Entourage – eine nützliche wechselseitige Abhängigkeit, die sich über Jahrhunderte gegenseitig befruchtete und erhielt.

In diesem Buch erklären SPIEGEL-Autorinnen und Autoren, Historikerinnen und Historiker, wie der Adel als gesellschaftliche Schicht entstand, wie Familien wie die von Liechtenstein als treue Vasallen ihrer Lehnsherren groß wurden und welche Rolle Adelige in Mittelalter und früher Neuzeit in der Politik des Heiligen Römischen Reichs spielten. Gestützt auf neueste Forschungen und sorgfältige Recherchen beschreibt dieses Buch unter anderem, wie der Landadel in Preußen herrschte, warum die Aristokratie auch über die Französische Revolution hinaus so mächtig blieb und warum große Teile des Adels mit Hitler und den Nationalsozialisten kooperierten. In unterhaltsamer Kürze werden in diesem Buch zudem die wichtigsten europäischen Fürstenhäuser portraitiert, die teilweise bis in die Gegenwart Staatsoberhäupter stellen.

Nach 1945 war endgültig Schluss mit dem System aus Gnade, Gunst und Gewalt von oben, kritische Adelige wandten sich ab von der Idee einer geborenen Elite. Und doch wirken die Traditionen weiter, wie etwa ein Gespräch mit den heute lebenden Vertretern der Familie Fugger zeigt. Ein Rest von Standesbewusstsein hält sich hartnäckig – und fasziniert bis heute nicht nur Ewiggestrige.

Wir wünschen eine aufschlussreiche Lektüre
Bettina Musall und Eva-Maria Schnurr

»HÖHERES MENSCHSEIN«

Gab es den Adel immer schon? Eher nicht, sagt der Historiker Werner Hechberger: Der Stand bildete sich erst im Verlauf des Mittelalters heraus. Auch Normalsterbliche hatten die Chance zum Aufstieg.

Ein Interview mit Eva-Maria Schnurr

SPIEGEL: Herr Professor Hechberger, was ist Adel?
Werner Hechberger: Adel ist ein soziales und kulturelles Phänomen, das in vormodernen Gesellschaften entstand. Modellhaft gehen Historiker davon aus, dass sich Agrargesellschaften irgendwann leisten konnten, einige Mitglieder von der normalen Arbeit freizustellen. Diese Leute mussten nicht mehr täglich aufs Feld, sondern übernahmen Spezialaufgaben, die für alle wichtig waren: religiöse oder kriegerische Aufgaben.

Für die Religion waren die Priester zuständig, für die Kriegsführung jene, die später adelig wurden?
Genau, sie sorgten für den Schutz der Gemeinschaft, aber auch für die Expansion des Territoriums. Weil sie dafür Fähigkeiten

und Kenntnisse brauchten, genossen sie besonderes Ansehen und hatten eine gesellschaftliche Vorrangstellung, die später auch vererbt wurde. Die Familien verfügten dann normalerweise über reichlichen Grundbesitz und konnten auf eine besondere Abstammung verweisen. Auch ein bestimmtes Selbstverständnis gehörte dazu. Schließlich fixierte man das Ganze rechtlich – der Adel im klassischen Sinn war entstanden, so stellt man sich zumindest in der Theorie die Entstehung des Adels vor.

Gibt es in jeder Gesellschaft so etwas wie Adel?
In vielen Gesellschaften dürfte es das Phänomen der frühen Arbeitsteilung gegeben haben, bei der bestimmte Personengruppen einen Vorrang genossen. Der europäische Adel mag ein paar Besonderheiten haben, die ihn vom Adel in anderen Kulturen unterscheidet. Ein rein mitteleuropäisches Phänomen ist er sicher nicht.

Gab es große Unterschiede innerhalb Europas?
Nein, im Gegenteil: Die Gemeinsamkeiten sind sehr groß. Das begründet sich sicher in der gemeinsamen Religion, dem Christentum. Auch die Adeligen selbst waren sich durchaus bewusst, dass es so etwas wie einen europäischen Adel gab, die Netzwerke reichten früh schon über territoriale Grenzen hinaus.

Wann entstand diese Elite?
Einen Adel gab es schon in der Antike: die römische Nobilitas, jene römischen Bürger also, die Grundbesitz hatten und politische Ämter bekleiden konnten. Es gibt einige Historiker, die meinen, dieser Adel habe nahtlos bis ins Mittelalter fortbestanden, aber das ist umstritten. Sicher wurden einige Vorstellungen übernommen, und wahrscheinlich gab es auch per-

sonelle Kontinuitäten, vor allem in den ehemaligen römischen Gebieten, in Gallien etwa. Aus der germanischen Vorzeit, den Gebieten außerhalb des römischen Einflusses, haben wir kaum aussagekräftige Quellen. Die Archäologie weist auf beträchtliche soziale Unterschiede in den germanischen Gesellschaften hin – welches Gesellschaftsmodell dahinterstand, ist allerdings unklar. Man geht aber davon aus, dass Familien, die während der Völkerwanderungszeit eine führende Funktion hatten, diese auch danach behielten.

Ab wann weiß man Konkreteres?
In der Karolingerzeit, ab Mitte des 8. Jahrhunderts, kann man recht eindeutig eine Oberschicht feststellen: eine Personengruppe, die über Ämter und Reichtum verfügt und deren Status schon faktisch erblich ist. Ab dieser Zeit sind dann auch vereinzelt personelle Kontinuitäten nachweisbar. Möglicherweise hängt das mit dem Wandel der Kriegsführung zusammen: In der Merowingerzeit – vom 5. bis zum 8. Jahrhundert – bestanden die Heere wahrscheinlich hauptsächlich aus Fußsoldaten, hier konnten fast alle freien Mitglieder der Gesellschaft problemlos Kriegsdienste leisten. In der Karolingerzeit wurde die Reiterei dominierend, wer nun effektiv kämpfen wollte, musste über großen materiellen Besitz verfügen: Er musste ein Pferd unterhalten, eine Rüstung besitzen, hier konnten viele nicht mehr mithalten, sodass die sozialen Unterschiede größer wurden.

War Kriegertum die einzige Wurzel des Adels?
Eine andere waren möglicherweise Ämter, die vom König verliehen waren. In der fränkischen Zeit sind neben zuverlässigen Gefolgsleuten offenbar auch lokale Machthaber zu Grafen ernannt und damit in die Aristokratie eingegliedert worden.

Ab wann hatten die Aristokraten eine rechtliche Sonderstellung?
Im Hochmittelalter, ab dem 12. Jahrhundert, wurden bestimmte Privilegien rechtlich fixiert. Die sozialen Unterschiede wurden zu verfassungsmäßigen Rangstufen, es bildete sich ein Reichsfürstenstand, der sich schließlich mit den Grafen und freien Herren als Hochadel abgrenzte. Bekannt ist die Heerschild-Ordnung aus dem »Sachsenspiegel«: Die Besitzer von Lehen wurden in sieben »Heerschilde« eingeteilt, das erste bildete der König oder Kaiser als oberster Lehnsherr. Das zweite und dritte waren geistliche und weltliche Reichsfürsten, das vierte Grafen und freie Herren, darunter kamen rangniedrigere Vasallen und Dienstleute, die Ministerialen, bis hin zum »Einschildritter«, der Lehen nur empfangen, nicht aber selbst vergeben konnte. Dieses Bild war kein Gesellschaftsmodell, sondern sollte nur lehnsrechtliche Beziehungen systematisch darstellen. Aber es zeigt eben auch die Unterschiede innerhalb des Adels und die Bemühungen, sich vom Nichtadel rechtlich abzugrenzen.

Weshalb hat sich das Konzept der erblichen Adelsherrschaft durchgesetzt? Aus heutiger Sicht erscheint es ja ziemlich ungerecht.
Es war auch damals nicht die einzige Form, Herrschaft zu organisieren. Schon im Frühmittelalter gab es Herrschaft, die durch Wahl legitimiert war, der Abt im Kloster etwa. Auch der König wurde anfangs gewählt und ab dem Hochmittelalter dann auch die städtischen Regierungen. So gegensätzlich, wie sie scheinen, sind diese unterschiedlichen Formen von Herrschaft aber gar nicht. Herrschaft beruhte auch im Mittelalter nicht auf bloßer Gewalt und reiner Willkür, sondern sie bedurfte immer zumindest teilweise der Zustimmung der Beherrschten, sie musste sich also legitimieren. Und das ist der Adelsherrschaft offenbar gelungen: Sie scheint einigermaßen effektiv gewesen zu sein.

Was waren die Aufgaben des Adels?
Der Schutz der Armen und Machtlosen. Der Schutzgedanke stammt aus der Antike, wurde christlich untermauert und immer wieder betont, er war zentral für die Legitimation des Adels. Vom 10. Jahrhundert an wurde die Idee ausgebaut zum bekannten Drei-Stände-Schema der Gesellschaft. Nun unterschied man drei Funktionen: die Oratores, also jene, die beten, die Laboratores, die Arbeitenden, und die Pugnatores, die Leute, die kämpfen. Das Schema galt als gottgewollt, und somit war auch die Tätigkeit durch Gott legitimiert.

Auch aufgrund solcher Schemata haben viele Menschen heute das Bild von einer statischen mittelalterlichen Gesellschaft, in der es keine soziale Mobilität gab. So, wie Sie es schildern, war der Adel ja keineswegs eine von Beginn an abgeschlossene Gruppe, sondern es gab Bewegung in der Gesellschaft. War sozialer Aufstieg im Mittelalter doch möglich?
Ich glaube nicht, dass die mittelalterliche Gesellschaft so starr war, wie wir sie heute sehen. Die damaligen Gesellschaftsbilder waren normative Entwürfe: Die Gesellschaft sollte statisch sein. In der Realität war sie es nicht. Aufstieg war immer möglich. Die Ministerialen etwa waren ursprünglich unfreie Dienstmannen, die in der Verwaltung Funktionen ausübten oder Kriegsdienste leisteten. Sie fanden ab dem 12. Jahrhundert Anschluss an den Adel, und ihre Nachkommen bildeten den niederen Adel des späten Mittelalters. Und schon früher, im späten 9. und frühen 10. Jahrhundert, gab es im Adel vielleicht besonders hohe Fluktuation.

Wie kam es dazu?
Das späte Karolingerreich wurde von außen bedroht, von Ungarn und Normannen. Einige Quellen berichten von großen

Verlusten fränkischer Heere, der bayerische Adel soll fast völlig aufgerieben worden sein. Das ist ganz sicher übertrieben, aber für solche Zeiten liegt die Annahme nahe, dass neue Männer durch Erfolge im Kampf nachrücken konnten und sozial aufstiegen. In Einzelfällen kann man das nachweisen.

Welche Rolle spielten Statussymbole für die soziale Abgrenzung zwischen einfacher Bevölkerung und Adel? Musste man als Adeliger Reichtum oder Besitz demonstrieren oder ein bestimmtes Verhalten zeigen?
Der Historiker Johannes Fried hat mal formuliert: »Adelslos ist es, herrisch aufzutreten.« Die meisten Forscher dürften sich einig sein, dass soziale Abgrenzung durch ein besonderes Verhalten immer schon dazugehört hat. Das ist ja auch logisch: Wer Schutz ausüben will, muss auch deutlich zeigen, dass er notfalls gewaltbereit ist. Seit der Antike grenzte der Adel sich über einen eigenen Habitus ab, über bestimmte Verhaltensnormen: Anfangs spielten militärische Aspekte eine große Rolle. Seit dem 12. Jahrhundert wurden die Normen im Kontext der ritterlich-höfischen Kultur stark verfeinert, nun gab es detaillierte Vorgaben, wie man sich als Adeliger verhalten sollte: Demut, Mäßigung und Höflichkeit waren wichtig, man musste Schach spielen können, den Damen den Hof machen und vieles mehr. Der normale Ritter hat sich sicher nicht brav an diesen Tugendkatalog gehalten, aber das Ideal hatte Auswirkungen auf die Wirklichkeit.

Sie haben anfangs gesagt, dass europäischer Adel und Christentum eng verbunden waren. Welche Folgen hatte das?
Die adelige Vorherrschaft wurde, wie Herrschaft im Mittelalter generell, religiös begründet. Aber das war durchaus ambivalent, und das macht es unglaublich interessant. Denn nach

christlicher Lehre sind ja alle Menschen vor Gott gleich, es gibt keine Privilegien. Soziale Unterschiede auf Erden musste man deshalb immer schon rechtfertigen – und nach heftigem Blättern in der Bibel kann man dafür tatsächlich ein paar Stellen finden, die Herrschaft von Menschen über Menschen begründen können. So hat etwa Noah Kanaan, den Sohn seines Sohnes Ham, und dessen Nachkommen dazu verflucht, Knechte von Hams Brüdern zu werden, nachdem Ham seinen Vater betrunken und nackt schlafend gesehen hatte. Aber aus Kreisen des Mönchtums kam immer wieder Kritik am Adel, an seinen Privilegien und an Hierarchien allgemein. In den Bauernunruhen des Spätmittelalters wurde das zur Fundamentalkritik, die sogar die Existenz des Adels gänzlich infrage stellte. Beim englischen Bauernaufstand von 1381 soll der Priester John Ball demonstrativ gefragt haben: »Als Adam grub und Eva spann – wo war denn da der Edelmann?« Wenn man auf die Bibel klopft, kann man immer eine Rechtfertigung verlangen.

Wie kommt es, dass der Adel im Spätmittelalter so stark unter Rechtfertigungsdruck geriet?

Der israelische Historiker Gadi Algazi hat vor ein paar Jahren ein interessantes Konzept vertreten: Er fragte, vor wem die Adeligen zu dieser Zeit die Bauern eigentlich schützten. Die Antwort verblüfft: vor den Fehden anderer Adeliger. Aber wenn der Adel vornehmlich Schutz gegen andere Adelige bot, konnte daraus natürlich Fundamentalkritik erwachsen. Ein anderer, vielleicht wichtigerer Grund mag sein, dass im Spätmittelalter alternative Eliten entstanden: Die Kaufleute in den Städten wurden meist durch Leistung reich, nicht durch Herkunft – forderten aber nun eine ähnliche gesellschaftliche Position ein wie der Adel. Und auch ein Universitätsstudium konnte nun zu sozialem Aufstieg führen.

Wie reagierte der Adel?
Er war nun gezwungen, klarer zu definieren, was ihn eigentlich auszeichnet. Es scheint mir, dass der Adel nun erst recht ein eigenes Bewusstsein, ein eigenes Selbstverständnis als Gruppe ausbildete und sich noch stärker abgrenzte. Nun gab es so etwas wie Jagdverbote für Bauern und Jagdrechte für Adelige, die auch der gesellschaftlichen Unterscheidung dienten. Die Trennlinie zwischen Adel und Bauern wurde nun fast zu einer ideologischen Kampflinie.

Der Adel veränderte sich im Verlauf des Mittelalters massiv, erfand sich auch immer wieder neu. Gibt es einen Gedanken, der sich von Beginn an durchzieht?
Sicher das Selbstverständnis als Elite, die Vorstellung, besser zu sein als die anderen, die Idee vom »höheren Menschsein«, wie es einmal der Historiker Otto Gerhard Oexle genannt hat. Das ist die Grundidee. Das Spezifische am europäischen Adel ist vielleicht der Dienstgedanke: das Bewusstsein, dass man nie automatisch herrscht, sondern einen Dienst leisten soll an der Gesellschaft. Das wäre ja eigentlich auch etwas, auf das man sich heute wieder besinnen könnte.

Was hat das Konzept Adel so erfolgreich gemacht, dass es so lange überdauert hat?
Früher ging man von einer Krise des Adels im späten Mittelalter aus: Es entstanden alternative Eliten, und die Kriegsführung änderte sich, es gab Feuerwaffen, Landsknechtsheere, neue Kampfweisen, der Ritter wurde überflüssig.

Aber diese Krise gab es gar nicht?

Sie führte jedenfalls nicht automatisch zum Niedergang des Adels. Die Forschungen der Adelshistoriker in den vergangenen 20 Jahren haben ganz eindeutig gezeigt: Der Adel ist ausgesprochen anpassungsfähig. Viele Adelige suchten sich ein anderes Auskommen. Man konnte in der Theorie die Arbeit verachten, den Handel und den Umgang mit Geld – wie es dem adeligen Wertekodex entsprach –, aber in der Praxis dennoch erstaunlich erfolgreich im Handel sein. Es gab niederadelige Familien, die wagten sich ins Kreditgeschäft und finanzierten sogar den Landesherrn oder übernahmen Ämter in der Landesherrschaft. Andere wurden Kriegsunternehmer. Nur die extremen Nichtanpasser endeten als Raubritter – aber sie waren eher die Ausnahme. Der Großteil des Adels reagierte auf die Veränderungen erstaunlich flexibel.

Herr Professor Hechberger, wir danken Ihnen für dieses Gespräch.

WERNER HECHBERGER, Jahrgang 1963, ist Professor für Mittelalterliche Geschichte an der Universität Koblenz-Landau. Er forscht über das Mittelalter.

Schnelles Wissen

Durften Adelige Bürgerliche heiraten?

Heiraten zwischen adeligen Familien dienten seit dem Mittelalter dem Aufbau von Netzwerken. Ehen mit Nichtadeligen waren verpönt oder verboten. Als sich im 18. Jahrhundert die Idee der Liebesheirat durchsetzte, regelte das Allgemeine Preußische Landrecht von 1794, unter welchen Bedingungen der adelige Status bei einer Ehe erhalten blieb. Regelungen, die bisher nur für den Hochadel galten, wurden nun auf den gesamten Adel übertragen: Adelige Männer durften ohne Zustimmung von drei Verwandten oder dem Landesherrn keine Ehe mit Frauen aus dem »Bauern- oder geringern Bürgerstande« eingehen. Lediglich Töchter des höheren Bürgerstandes – von öffentlichen Beamten, Gelehrten, Kaufleuten – kamen als Bräute infrage. Wenn adelige Frauen bürgerlich heirateten, verloren sie ihre Adelsvorrechte, ihr Name wurde aus dem »Gotha« gestrichen.

Was ist eine »Adelsprobe«?

Die Ahnen- oder Adelsprobe diente seit dem Hochmittelalter dazu nachzuweisen, dass jemand tatsächlich adeliger Abstammung war. Für den Eintritt etwa in Stifte oder Orden, aber auch für Heiraten wurde eine solche Adelsprobe verlangt. Mindestens wurde der Nachweis von vier standesgemäßen Ahnen verlangt, doch es konnten bis zu 32 Vorfahren verlangt werden, also eine nachgewiesen adelige Abstammung bis in die Generation der Ururgroßeltern. Als Beweismittel dienten Zeugen oder eidliche Beglaubigungen. Die Adelsprobe war bis ins 19. Jahrhundert hinein üblich.

Hochgeboren

Was bedeuten die verschiedenen Adelstitel?

Adel beruhte ursprünglich auf Herrschaft über Menschen. Die Herrschaftsrechte und damit die Titel wurden vom König als Lehen vergeben und im Laufe der Zeit erblich, auch feste Herrschaftsterritorien bildeten sich heraus. Die Titel veränderten sich oft und das Ziel vieler Adelsfamilien war es, in den nächst-»höheren« Stand aufzusteigen, also etwa vom Freiherrn zum Grafen zu werden.

Fürsten: Anfangs die Einzigen, die nur der Herrschaft des Königs unterworfen waren. Von circa 1500 an gab es auch andere »reichsunmittelbare« Stände, den Fürsten blieben soziale Reputation und politischer Einfluss im »Reichsfürstenrat« des Reichstags. Auch Grafen und Herzöge konnten Fürsten sein.
Anrede: »Königliche Hoheit« (bei ehemaligen regierenden Häusern), sonst »Durchlaucht«.

Herzog: Übte in einem Herzogtum königliche Amtsgewalt aus. Herzöge waren über mehrere Grafschaften gesetzt, ihr Status höher als der von Grafen. Im Französischen spricht man von Duc, im Englischen von Duke.
Anrede: »Durchlaucht«.

Graf: Ursprünglich königliche Amtsträger in bestimmten Bezirken, den Grafschaften. Daraus entwickelten sich eigene

Herrschaftsrechte. Markgrafen (französisch: Marquis), Pfalzgrafen und Landgrafen gehörten dem Fürstenstand an. Der französische »Comte« und der englische »Count« entsprechen dem Grafen.
Anrede: »Erlaucht« beziehungsweise »Hochgeboren«.

Freiherr: Der Titel bedeutet »Freier Edelmann« und hing, wie alle anderen Adelstitel, an einem Herrschaftsgebiet, etwa einem Gut. Entspricht dem in anderen europäischen Ländern verwendeten Titel »Baron«, den es in Deutschland nicht gab.
Anrede: »Hochwohlgeboren«.

Historischer Adel: Mit dieser adelsintern heute noch verwendeten Bezeichnung sind Familien gemeint, die ihren Adelstitel gemäß dem 1919 abgeschafften Adelsrecht tragen. Wer etwa durch Adoption den Titel erworben hat, zählt nicht dazu.

EDLE MANNEN IN SCHWERER RÜSTUNG

Ritter haben das Bild des mittelalterlichen Adels geprägt. Pracht und Risiko der höfischen Lebensform wurden zum Mythos.

Von Johannes Saltzwedel

Glanzvoll war Kaiser Heinrich VI. im November 1194 im sizilischen Palermo eingezogen. Wieder war er seinem Traum eines europäischen Imperiums nähergekommen. Und der Staufer wusste genau, wem er diesen Erfolg zu verdanken hatte: Markward von Annweiler.

Der kluge, ritterlich gewandete Markward hatte wohl schon an Heinrichs Erziehung mitgewirkt. Vom Amt des Truchsessen, in dem es so komplexe Dinge wie die Verwaltung der kaiserlichen Pfalzen und das diplomatische Protokoll zu organisieren gab, war er in die Außenpolitik aufgerückt. Unter Heinrichs Vater, Friedrich Barbarossa, hatte Markward im Ersten Kreuzzug geholfen, die Festung Nikitz bei Adrianopel zu erobern, später war er als Gesandter in Konstantinopel gewesen. Eben erst hatte er die misstrauischen Seemächte Genua und Pisa auf des Kaisers Seite gebracht. Bald sollte ganz Sizilien unter staufischer Kontrolle stehen.

Dabei agierte das politische Multitalent keineswegs unabhängig. Markward kam aus einfachen Hofbeamtenkreisen; zumindest auf dem Papier war er bislang ein Höriger gewesen, den sein Herr verschenken oder verkaufen konnte. »Ministeriale« wie er blieben Werkzeuge, im schlimmsten Fall Handlanger.

Das sollte sich für Markward nach dem sizilischen Erfolg ändern. Heinrich verlieh ihm beim Hoftag im apulischen Bari die persönliche Freiheit – und dazu auch gleich das Herzogtum in Ravenna und der Romagna sowie die Markgrafschaft Ancona als Erblehen. Aus dem dienstbaren Untertan ohne Hausmacht war fast im Handumdrehen ein adeliger Landesherr geworden, der bald weite Abschnitte der Adriaküste kontrollierte.

Natürlich war Markwards Aufstieg zu höchsten Ritterehren etwas Ungewöhnliches. Aber mit seiner Anerkennung ehrte Heinrich ihn als Vorbild: Wehrhaft, ergeben und doch eigenständig verantwortungsvoll sollte ein Ritter sein; alte aristokratische Ideale von Unabhängigkeit und erblicher Grundherrschaft verschmolzen mit dem Bild des treuen Dienstmannen und des christlichen Streiters. Aus kaiserlicher Sicht konnte es gar nicht genug solcher weitblickenden Ritter im Dienst des Reiches geben.

Freilich steckte die »Reichsaristokratie« (wie der Mediävist Hubertus Tellenbach sie genannt hat) vor 1200 noch in den Anfängen. Früher waren für kleine Grundherren Scharmützel untereinander so alltäglich gewesen wie Essen und Schlaf; Raubzüge hatten, so formulierte es der akribische Sozialhistoriker Marc Bloch, geradezu als aristokratischer »Lebenszweck« gegolten. Dieses raue Dasein war erst durch das Lehenswesen deutlich zivilisiert worden, vor allem, weil die meisten Lehen um die Mitte des 11. Jahrhunderts erblich geworden waren.

Als der Jurist Eike von Repgow im 13. Jahrhundert seinen »Sachsenspiegel« verfasste, stellte er zwar eine säuberliche »Heerschildordnung« auf, die vom König an der Spitze bis hinab zu den letzten kleinen »Hintersassen« reichte. Doch das hatte »weitgehend nur theoretische Bedeutung«, wie der Mediävist Joachim Bumke warnt. Gerade die Anziehungskraft des Ritterstandes belegt, wie durchlässig die Schichten blieben. Begüterte Lehensleute mussten dem König Kriegsfolge leisten und stellten auch berittene Kämpfer. Diese Reiterkrieger, keineswegs immer Adlige, waren Keimzelle des Rittertums; ihre steinernen Wohntürme oder kleinen Kastelle bildeten den Ursprung der Burgen.

Wehrhaft ragende Mauern, kunstvoll durch Gräben und Tore geschützt: Burgen – hier Burg Eltz in der Eifel – sind seit dem hohen Mittelalter ein Symbol des Rittertums.

Zur Zeit Heinrichs VI., in einer Epoche des kräftigen Bevölkerungswachstums, war das Rittertum ein sozialer Schmelztiegel, denn es bekam Zulauf von beiden Seiten: Aufstrebende Ministeriale wie Markward sahen hier die Chance zu Ruhm und baldiger Freiheit, aber auch Abkömmlinge der alten Hofaristokratie lockte das Ansehen des tugendhaften Kämpfers. Herkunftsstolz, aristokratische Haltung und die Ideologie vom »edlen« Rittertum verschmolzen in einem geradezu mythischen Adelsideal. Entscheidend beschleunigt wurde diese Entwicklung durch die Kreuzzüge seit 1095.

»Erst als man begann, den Gebrauch der Waffen moralisch zu rechtfertigen, wurde aus dem adeligen ›Krieger‹ ein ›Ritter‹«, sagt Joachim Bumke pointiert. Der »miles christianus« übte sein vordem sündiges Waffenwerk endlich mit Gottes Segen aus: Er durfte hoffen, trotz Leichen und Beutemachens nicht in die Hölle zu kommen. Bald wurde dieses positive Image durch mönchisch organisierte Elitetruppen wie die Johanniter oder den Templerorden zusätzlich verklärt.

Kein Wunder, dass im hohen und späteren Mittelalter ein regelrechter Kult um die Daseinsform des Ritters und der höfischen Eleganz herrschte. Als Parzival, der Titelheld im großen Versepos des Wolfram von Eschenbach (um 1220), eines Morgens zum ersten Mal in seinem Leben drei Berittene »von Fuß auf gewappnet« heranpreschen sieht, fällt er ehrfürchtig auf die Knie: »Der Knappe glaubte ohne Spott, / ein jeglicher sei ein Gott.«

Einer der Kämpen trägt über der Rüstung kostbare Gewänder: »Im Tau schleppte der Mantelsaum. / Güldene Schellen, kleine, / hörte er vor dem Beine / an den Bügelriemen klingen, / die hinab zum Fuße gingen. / Sein rechter Arm von Schellen klang, / wenn er ihn bot oder schwang, / damit es beim Schwertwechsel so tönt. / Der Held war an Preis gewöhnt. / So ritt der Höfe Zierde / in köstlicher Zimierde«, heißt es in der Übersetzung von Wolfgang Mohr.

Klar, dass der ahnungslose junge Parzival am liebsten auch solch ein »Kunstwerk Gottes« mit blinkendem Panzer, Kettenhemd und Glöckchenzier werden möchte. Dabei hatte seine Mutter Herzeleide gerade dies verhindern wollen, war doch ihr heldenhafter Mann auf Kriegszügen umgekommen. Nicht lange, und Parzival führt tatsächlich das Schwert, sogar von des legendären Königs Artus Gnaden. Aus Wolframs Reimerzählung erfuhren die Zuhörer in allen Details, was ein edler, tapferer Ritter so tut oder tun sollte: Kämpfe gegen Monster und Unholde, sittsam-kluges, tugendhaftes Benehmen in der Gesellschaft, Beistand für schöne, bisweilen kapriziöse Frauen und manchmal auch zarte erotische Bande zu ihnen.

Literarische Überhöhungen des ritterlichen Daseins wurden von 1200 an eine Hauptattraktion der Adelshöfe Mitteleuropas. In hochstilisierter Liebeslyrik, dem Minnesang, ging es gewitzt um Leidenschaft, Psychologie und stilvolles Miteinander. Meist wurden die Stücke von professionellen reisenden »Troubadours« gedichtet und gesungen; aber auch Regenten und adlige Herren versuchten sich als Minnesänger.

Die erzählende weltliche Dichtung wurde erst recht zum geistreichen Spiel mit den neuen Idealen. Von Anfang an ging es dabei um mehr als adelige Superhelden in blitzendem Eisen. Die Hauptfiguren mussten sich bewähren; der »Parzival« handelt letztlich von der Suche nach dem geheimnisvollen »Gral« und dem Ritterorden, der ihn hütet. In seinem nächsten Versroman »Willehalm« fragt Wolfram dann sogar, ob ein Ritter feindliche Heiden, nämlich die muslimischen Kreuzzugsgegner, bedenkenlos abschlachten darf – sind sie denn nicht auch von Gott erschaffene Menschen?

Zum Glanz der Ideologie vom christlich-tugendhaften, adeligen Ritter trugen die parallel aufkommenden Turniere viel bei. Entstanden aus militärischem Training, entwickelten sich die durchaus riskanten Wettkämpfe allmählich zur Showsportart mit kompliziertem Regelwerk. Aber das ursprüngliche Szenario blieb: Schwer gerüstet preschten zwei Reiter in Kampfbahnen aufeinander zu und versuchten, den Gegner mit eingelegter Lanze aus dem Sattel zu heben.

Ein von Kopf bis Fuß gepanzerter Streiter war nur durch äußere Zeichen erkennbar, am deutlichsten an den Mustern und Symbolen auf seinem Schutzschild. Schon um beim Turnier nicht verwechselt zu werden, legte jeder ritterlich Gewappnete Wert auf ein individuelles Wappen. Im Deutschen macht die enge Wortverwandtschaft zwischen »Waffe« und »Wappen« hörbar, wie gut der neue Brauch das ritterliche »Schild-Amt« (Wolfram) ergänzte; Stammbäume oder Familiengrabmale wirkten dank der bunten Zier sowieso viel hübscher. Begeistert tüftelten Heraldiker immer subtilere Geschlechterzeichen und Wappenregeln aus.

All dies war für Enguerran de Coucy (1340 bis 1397), den Siebten dieses Namens, schon selbstverständlich. Seine fünftürmige Burg in der Picardie kontrollierte die Region; der Festungsturm in der Mitte, rekordverdächtige 30 Meter breit, nahm im Ernstfall 1000 Menschen auf. Schon 1216 hatten die Coucys für Feldzüge 30 Ritter stellen müssen, nur vier weniger als das Herzogtum Anjou.

Zwölf Wappen zeugten von Generationen kluger Heiratspolitik und entsprechend stattlichen Ländereien. Bei allem Reichtum musste man stets auf der Hut sein: Scharen von Brigantenkompanien, Trupps aus entwurzelten Rittern, Bastarden und anderen Freibeutern, machten seit der Pestepidemie 1348 das

Land unsicher. Mit 18 musste Enguerran VII. erst einmal als Geisel nach England, das nach zermürbenden Kriegsjahren ein bitteres Friedensdiktat über Frankreich verhängt hatte.

Immerhin kam der junge Aristokrat am schwelgerisch-eleganten Hof von Windsor so gut an, dass er Ende 1365 die Königstochter Isabella von England als Gemahlin heimführen durfte – und es fortan ablehnte, mit seinem Schwiegervater jenseits des Kanals Krieg zu führen. Lieber zog er auf eigene Rechnung ins Feld, zum Beispiel für den Papst oder gegen die Österreicher ins Elsass und die Schweiz (1375/76). Bisweilen überdeckten Feste voll verschwenderischer Pracht »wie ein vergoldetes Leichentuch« das Seuchen- und Kriegselend der Epoche, schreibt Enguerrans Biografin Barbara Tuchman.

Bis nach Nordafrika sollten ihn seine Waffengänge führen. Als 1396 ein Heer von 10 000 Kreuzrittern aus ganz Europa unter König Sigismund von Ungarn in der Schlacht vor der Balkanfestung Nikopolis den Truppen des Sultans unterlag, kam Enguerran de Coucy, der schon zu Lebzeiten als »erfahrenster und klügster aller Ritter Frankreichs« gegolten hatte, mit etlichen Standesgenossen – darunter dem Erbprinzen von Burgund – in Gefangenschaft, die er nicht überlebte.

Zunehmend entwickelte sich der hohe europäische Ritteradel zu einer auch geistig weithin abgekapselten Sonderwelt. Fast verstiegen exklusiv – und gerade deshalb doch auch maßstabsetzend – war der 1430 im reichen, kunstsinnigen Burgund gestiftete, noch heute existierende »Orden vom Goldenen Vlies«. Nur 24 Ritter mit je vier adligen Ahnen durften dieser Champions League europäischer Fürstenhäuser angehören.

Zugegeben: Längst konnte man damals durch ein vom König ausgestelltes Privileg (»Lettre de noblesse«) ebenfalls adelig werden. Aber oft kam das nicht vor. In der Regel blieben Adelsrechte sogar Großbürgern verwehrt. Doch dass sich die Regeln verändern konnten, zeigte sich 1491 in Nürnberg. So manche der Patrizier in der blühenden Handelsstadt stammten aus Adelshäusern; Wirtschaftsmacht und Feudalerbe hatten sich schon seit geraumer Zeit hier wie in vielen Städten zukunftsweisend verbündet und versippt. Stolz richteten diese reichen Kaufleute nun für ihre aufstrebenden Söhne Ritterspiele aus. Zwar ärgerte das den Landadel, der das Turnierrecht für sich allein beanspruchte. Aber die Klagen verstummten, als sich ein hoher Gast anmelden ließ und damit Fakten schuf: Kaiser Maximilian persönlich.

Der Habsburger Maximilian (1459 bis 1519) war eben dabei, sich die ungarische Krone zu sichern. Das pompöse »Gesellenstechen« der begüterten jungen Herren sah der stets kapitalschwache Kaiser als Chance, sich Sympathie und Kontakte beim neuen Geldadel zu verschaffen. Hinzu kam, dass Maximilian, eminent traditionsbewusst, für Adelsbräuche wie den Turniersport ehrlich begeistert war – und erst recht für die Ideologie des christlichen Rittertums.

In einem monumentalen »Heldenbuch« ließ er später wichtige Sagen, darunter das komplette »Nibelungenlied«, bündeln. Gedruckte Prachtwerke, zum Beispiel über den vorbildlichen Ritter »Theuerdanck« oder den »Weiß kunig« (weisen König), die er selbst mitverfasste und von den besten Künstlern ausstatten ließ, feierten das Leitbild des edlen, tapferen Aristokraten.

Zukunftsfähig aber waren solche Muster kaum noch. Gleich nach dem Tod Maximilians, den schon seine Zeitgenossen als »letzten Ritter« auf dem Kaiserthron betrachtet hatten, brach die Reformation los. Sozialrevolutionäre wie der Bauernführer Thomas Müntzer wandten sich radikal gegen alle Adelsprivilegien. Als 1563 in Frankfurt am Main eine Abhandlung »Vom

Ursprung, Anfang und Herkommen des Adels« aus der Feder des eben verstorbenen Festungsfachmanns Graf Reinhard zu Solms erschien, wirkte es wie ein nostalgischer Rückblick auf große Zeiten. Tapfer wurde da behauptet, ohne Adel hätte es kein Deutsches Reich gegeben, denn nur er habe »die Tugent des Gemeynen nutzs« garantiert. Vorbildlich hätten Adelige mit »tugent, vernunfft und geschicklickkeyt« seit Jahrhunderten für Stabilität gesorgt – so solle es auch künftig sein.

An der politischen Wirklichkeit ging das weit vorbei: Überall bestimmte die neue Finanzoberschicht aus Händlern und Großbürgern das Geschehen; höfische Lebensformen hatten sich in Gesellschaftsspiele der Höflichkeit verwandelt. Handbücher dafür gab es allerdings genügend. Sie konservierten den überlebten ritterlichen Adelsmythos des Mittelalters als Stilideal, das noch immer nachwirkt – von den Umgangsformen des gebildeten, weltgewandten »Hofmannes« der Renaissance über den Kavalier des Barocks bis zum beinahe zeitlosen »Gentleman«, der auch heute ritterlich allen Damen den Vortritt lässt.

Schnelles Wissen

Wie viele mittelalterliche Burgen gab es?

Mittelalterliche Burgen definiert das »Europäische Burgeninstitut« als befestigten Sitz eines Adeligen. Burgen dienten nicht nur der Verteidigung, sondern waren lokale Verwaltungszentren: Hier wurden Abgaben gesammelt und Zölle erhoben, hier wurde Recht gesprochen. Wie viele Burgen es einst gab, ist unklar, denn bisher hat niemand sie gezählt. Nun hat das Europäische Burgeninstitut damit begonnen; in einer Hochrechnung der bisher gezählten Exemplare schätzen die Experten, dass es einst zwischen 20 000 und 25 000 Burgen auf dem Gebiet des heutigen Deutschland gab. Noch viel mehr waren es in ganz Europa, doch hierzu fehlen Zahlen bislang völlig. Übrigens lebten nicht alle Adeligen auf Burgen, einige wohnten auch in Städten.

Ein Pferd, ein Schwert und ein warmes Bad

Adel machte noch keinen Ritter – dafür bedurfte es einer eigenen Zeremonie. Der bis heute bekannte Ritterschlag kam erst im späteren Mittelalter auf.

Auch der höchste Adel machte einen jungen Mann nicht von selbst zum Ritter – das wurde man erst durch eine besondere Zeremonie. Zunächst hieß dieser weihevolle Akt »Schwertleite«, weil der Herr seinem untergebenen Knappen, oft der Vater dem Sohn, die Waffe am Wehrgehenk umlegte. Zuvor hatte gewöhnlich ein Priester das Schwert gesegnet. Danach wurden dem neuen Ritter meist noch seine Sporen angelegt sowie Schild und Speer überreicht, damit er gänzlich wehrhaft war.

Natürlich signalisierte der ganze Vorgang auch den Übergang zur Volljährigkeit. In der Regel fand die Initiation in festlichem Rahmen statt; so machte Kaiser Friedrich I. Barbarossa 1184 die Schwertleite seiner beiden Söhne Friedrich und Heinrich zum Mittelpunkt des prunkvollen Mainzer Hoftages. Für die jungen »Schwertdegen« – meist etwa 14 bis 17 Jahre alt – gab es Geschenke, zum Beispiel kostbare Gewänder; anschließend veranstaltete man, wenn möglich, ein zünftiges Turnier.

Natürlich ließ sich der Ablauf ausbauen: In Frankreich etwa bezeugten die Kandidaten bisweilen durch ein warmes Bad, eine Nachtwache in der Kirche und frische Kleider, dass sie ihren neuen Ehrenstand körperlich und seelisch rein antraten. Sie legten ein Gelübde ab, und auch von einem Gottesdienst im Anschluss an die Schwertleite ist manchmal die Rede.

Da der Ritterstand Privilegien und finanzielle Vorteile bot, mussten Kaiser und Fürsten schon bald Beschränkungen gegen den Andrang erlassen. So verfügte Barbarossa 1186, dass Söhne von Priestern, Diakonen oder gar Bauern nicht einfach zu Rittern gemacht werden könnten; offenbar hatte es solche Fälle gegeben.

Seit etwa 1250 wurde es allerdings üblich, dass ganze Scharen junger Leute auf einmal dem Ritterstand beitraten. Vor allem während der Kreuzzüge fand die Zeremonie häufig im Feld statt – zum Beispiel vor oder nach einer Schlacht, als Anreiz oder Belohnung. Bis zu 200 Kandidaten nacheinander zu umgürten hätte jedoch zu viel Zeit gekostet. Wohl hauptsächlich deswegen fand man für den Verleihungsakt eine neue Form: Entweder die Knappen reckten kniend ihre neuen Schwerter nach oben, und der Herr berührte kurz deren Spitze, oder der Herr gab den gebückt Knienden unter mahnenden Worten einen befreiend-verpflichtenden sanften Schlag an den Hals oder auf den Nacken – zuerst mit der bloßen Hand, dem Zepter oder einem Stab, bald dann mit seinem Schwert.

Der Historiker Wilhelm Erben hat akribisch aus Quellen ermittelt, dass sich diese Art der Ritterweihe von etwa 1350 an durchsetzte. Der »Ritterschlag«, dem Zeremoniell der Lehensnahme recht ähnlich, wurde für die Nachwelt zum festen Symbol; jahrhundertelang hielt man in Adelskreisen daran fest, selbst als es schon längst keine Ritterheere mehr gab. Noch 1764 durfte der spätere Kaiser Joseph II. nach seiner pompösen Krönung zum Deutschen König in Frankfurt schließlich auch einen ersten Ritterschlag ausüben. Er selbst nannte in einem Brief an seine Mutter Maria Theresia die steifen Feierlichkeiten trocken »une vraie comédie«, eine wahre Komödie.

Johannes Saltzwedel

ERGEBENST DIENEN ZUM EIGENEN VORTEIL

Die Habsburger Monarchen regierten mithilfe loyaler Adeliger wie der Familie Liechtenstein. Es war ein Geschäft auf Gegenseitigkeit – dessen Regeln sich immer wieder änderten.

Von Torben Müller

Es ging um alles für Rudolf von Habsburg am 26. August 1278. Um seine Macht, seinen Titel, sein Leben. Jahrelang hatte der inzwischen 60-Jährige mit dem böhmischen König Ottokar II. Přemysl gestritten, denn der wollte die Wahl Habsburgs, des Emporkömmlings aus dem Alemannischen, zum König des Heiligen Römischen Reichs nicht akzeptieren. Nun kämpften die Rivalen auf dem Marchfeld nahe der österreichischen Stadt Dürnkrut die entscheidende Schlacht.

Unter den Getreuen des Habsburgers warteten auch die Brüder Friedrich und Heinrich II. von Liechtenstein auf ihren Einsatz. Ihr Vater hatte einst König Ottokar und dessen Vorgänger Wenzel gedient. Nach dessen Tod aber hatten sich die österreichischen Stände gegen den Böhmen gewandt, und auch die Söhne der Familie Liechtenstein waren zum römischen König übergelaufen. Im Kampf gegen Ottokar ging es nicht nur um die Macht des Habsburgers Rudolf, sondern auch um die Zukunft der Familie.

Beinahe schon geschlagen, griff Rudolf zu einem Trick. Eine versteckte Reservetruppe mit rund 60 Rossen brach hervor, griff die verdutzten Feinde von der Flanke aus an und spaltete deren Heer. Die Ritter, die durch die Sehschlitze ihrer Topfhelme kaum etwas erkennen konnten, ergriffen die Flucht. Ottokar selbst kämpfte weiter – bis ihm ein Schwerthieb den Kopf spaltete. Rudolf hatte an diesem Tag nicht nur seinen Titel verteidigt, sondern auch Österreich und die Steiermark von seinem Widersacher erobert. Mehr als 600 Jahre lang sollten diese Territorien die Basis der Habsburger bleiben. Sie waren Ausgangspunkt einer beispiellosen Karriere: Von 1438 bis 1806 stellte die Familie fast durchgehend den König und den Kaiser des Heiligen Römischen Reichs.

Zu verdanken hatte der Monarch den Triumph vor allem den loyalen Adeligen, die ihn mit Geld, Truppen und eigenem Einsatz unterstützt hatten. Wie das Haus Liechtenstein, das die Dynastie von ihrem Aufstieg bis zum Absturz 1918 begleitete, ihr diente und so zu einer der ersten Familien in der Donaumonarchie avancierte. Die enge Symbiose aus Aristokratie und Herrscherhaus folgte Regeln, die im mittelalterlichen Lehnswesen wurzelten: Adelige sicherten dem König Treue und militärischen Beistand zu und erhielten umgekehrt Schutz und Mitspracherechte auch in der Politik. Der Monarch gewährte der Oberschicht zahlreiche Privilegien. So durften die Adeligen zum Beispiel Gericht halten, hatten die Hoheit über Jagd- und Fischgründe inne, mussten keine Steuern zahlen und bildeten die adeligen »Stände« im Reichs- oder im Landtag, die unter anderem die Steuern für den Herrscher bewilligten. Die Adeligen zogen im Gegenzug von ihren Untertanen die Abgaben für den obersten Herrscher ein. Über Jahrhunderte bestimmte die Aristokratie auf diese Weise weitgehend das politische, wirtschaftliche und gesellschaftliche Geschehen in den österreichisch-böhmischen Erblanden, die zum Heiligen Römischen Reich gehörten.

Im 16. Jahrhundert erreichten die adeligen Stände den Zenit ihrer Macht. Viele von ihnen hatten die Lehren Martin Luthers begeistert aufgenommen und waren konvertiert – auch um ihre Eigenständigkeit gegenüber den streng katholischen Habsburgern zu zeigen. Die Liechtenstein holten evangelische Pfarrer aus dem Reich, und auch die wohlhabende Magnatenfamilie Esterházy in Ungarn, das mittlerweile ebenfalls von den Habsburgern regiert wurde, wandte sich dem neuen Glauben zu. In ihrem Gebiet, im Südosten, rückten die Osmanen bedrohlich nah. 1529 zogen diese sogar bis vor Wien. Um Geld für den Krieg, die sogenannte Türkensteuer, bewilligt zu bekommen, gestand Kaiser Karl V. den Lutheranern kurzzeitig widerwillig Religionsfreiheit zu, die auf dem Reichstag von Augsburg 1555 bestätigt wurde.

Doch langfristig wollten die Herrscher, die auch politisch eng mit der katholischen Kirche verbunden waren, die Religionsvielfalt nicht hinnehmen. Vom Beginn des 17. Jahrhunderts an betrieben sie die Gegenreformation. So erhoben die habsburgischen Kaiser beispielsweise gezielt Katholiken in den Adelsstand, um die Stände zu spalten, und besetzten offene Stellen in ihren Ämtern bevorzugt mit Glaubensbrüdern. Viele führende Familien der Donaumonarchie kehrten in dieser Zeit zum alten Christentum zurück. Einer profitierte davon besonders: Karl von Liechtenstein.

Nach seiner Konversion 1599 hatte er unter den Kaisern Rudolf II., Matthias und Ferdinand II. Karriere gemacht, war zum Geheimen Rat berufen worden und später sogar zum Obersthofmeister – nun stand kein Beamter dem Monarchen näher als er. Immer wieder hatte der Finanzexperte, wie schon seine Väter und Brüder, dem klammen Hof Geld geliehen. Zum Dank erhob der Kaiser ihn 1608 in den erblichen Fürstenstand.

Gerissen und skrupellos, weitsichtig und reaktionsschnell, kaltblütig und entschlossen – so wird Karl beschrieben. Dem Ruf wurde er im Dreißigjährigen Krieg gerecht. Aus Protest gegen die prokatholische Politik des Kaisers Ferdinand II. waren die Stände der böhmischen Länder gegen den Monarchen ins Feld gezogen. Karl half entscheidend, den Aufstand am 8. November 1620 bei der Schlacht am Weißen Berg nahe Prag militärisch niederzuschlagen. Kurz darauf verhängte er als Vorsitzender eines Strafgerichts drakonische Urteile wegen Hochverrats gegen mehrere sogenannte Rebellen. 27 Adelige und Bürger wurden unter seiner Aufsicht am 21. Juni 1621 von einem einzigen Henker öffentlich auf dem Altmarkt hingerichtet. Die Köpfe von zwölf Getöteten stellte man anschließend am Altstädter Brückenturm zur Schau, zehn Jahre mussten sie dort zur Abschreckung hängen bleiben.

Reihenweise wurden nun die Güter von geflohenen oder bestraften Adeligen in Böhmen und Mähren konfisziert und billig verkauft. Und kaum einer nutzte die Gelegenheit so konsequent wie die Familie Liechtenstein, allen voran Fürst Karl. Rasant stieg die Sippe zu einem der reichsten Adelsgeschlechter Mährens auf, sie gebot nach dem Krieg über fast ein Fünftel des Landes, außerdem besaß sie Güter in Schlesien, Böhmen und natürlich ihren Stammsitz in Niederösterreich.

Der Sieg über die aufrührerischen Stände ließ die adelige

Opposition in den böhmischen und österreichischen Erblanden weitgehend verstummen. Wer nicht konvertieren wollte, wanderte aus. Die Güter übernahmen vielfach Edelleute aus dem Reich, Italien oder Spanien. Sie waren katholisch, akzeptierten die Regeln der Habsburger und hatten meist kein großes Interesse an starken föderalen Ständevertretungen, wie es die Reichs- und Landtage waren.

Die großen Dynastien wie die Liechtenstein besaßen Ländereien in mehreren habsburgischen Gebieten, deshalb waren auch sie nur noch bedingt regional verwurzelt. So regte sich kaum Widerstand, als die Regenten im 17. Jahrhundert die einst so starken Landtage weitgehend entmachteten und die Regierungsgewalt immer weiter in ihre Hand nahmen.

Viel interessanter wurde für die Aristokraten nun der Hof in Wien. Er entwickelte sich immer stärker zum politischen Zentrum der Monarchie. Gerade für viele nachgeborene Söhne, die keine Familiengüter übernehmen würden, gab es jetzt nur ein Ziel: einen Posten in der kaiserlichen Verwaltung zu ergattern. Denn die Präsenz am Hofe versprach Einfluss, Ruhm und Kontakte. Die Habsburger förderten diese Entwicklung, denn sie profitierten aus vielerlei Gründen von diesem Sog. Indem sie die wichtigsten Familien um sich versammelten und politisch einbanden, konnten sie deren Einfluss nutzen und ihre Interessen in deren Herrschaftsbereichen durchsetzen.

Zudem strömten Adelige aus allen Teilen des habsburgischen Machtbereichs an den Hof: Tschechen, Italiener, Ungarn, Deutsche, Spanier und Österreicher. In diesem Vielvölkerhofstaat im Herzen des Reichs vernetzten Vertreter aus den verschiedenen Regionen die unterschiedlichen Teile des Habsburgerreichs miteinander. Die Anwesenheit vieler hochrangiger Geschlechter wertete das Wiener Regierungszentrum auf. So schrieb ein

Beobachter 1729, der Kaiserhof könne zwar nicht mit Prachtbauten wie in Frankreich aufwarten, doch werde man »seine Augen nicht wenig ergötzen, wenn man um Ihro Kayserliche Majestät und bey Hofe überhaupt lauter grosse Printzen, Grafen und Herren siehet, welche nicht nur gantz ausserordentliche meriten haben, sondern auch grosse Länder und vieles Reichthum besitzen und daher die Magnificence des Kayserlichen Hofes sehr vermehren«.

So entwickelte sich die alte Symbiose zwischen Adel und Monarch weiter: Die Aristokratie stützte die Macht des Herrschers – und der entlohnte die Loyalität nun mit Posten und Titeln, Geld und Ländereien. Rund 2000 Personen zählte der Wiener Hofstaat zu Beginn des 18. Jahrhunderts, doch die Zahl der einflussreichen Ämter war begrenzt. So entstand ein ständiger Wettkampf unter den Adeligen. Den Monarchen konnte dies recht sein, denn nun stritten die hohen Herren sich nicht mit ihnen, sondern untereinander. Die Herrscher verschärften die Konkurrenz noch dadurch, dass sie zahlreiche Bürger nobilitierten, die sich um den Staat verdient gemacht hatten. Dieser Briefadel versuchte, den alten Erbadel zu imitieren und ihm so seinen Platz streitig zu machen. Mit eher mäßigem Erfolg. Am Hof gaben weiterhin vor allem Abkömmlinge der ganz alten Elite den Ton an: Angehörige der Liechtenstein, Schwarzenberg und Auersperg. Sie besetzten über Generationen fast ausnahmslos die höchsten Positionen, wie die des Obersthofmeisters, Oberstkämmerers oder Obersthofmarschalls, und hatten so direkten Zugang zum Kaiser.

Doch auch eine ungarische Dynastie konnte sich bei Hofe etablieren: die Esterházy. Seit Jahrzehnten hatte sich die rekatholisierte Grafenfamilie im Grenzschutz gegen die Türken bewährt und 1652 sogar vier Männer auf einmal in einem

Gefecht verloren. Erst drei Monate später waren sie beerdigt worden, angeblich weil die Osmanen ihre Köpfe nicht eher herausgegeben hatten.

Paul I., der danach als 17-Jähriger an die Spitze des Hauses gerückt war, hatte um 1670 fest an der Seite der Habsburger gestanden, als ungarische Adelige gegen den Herrscher in Wien rebellierten. Als die Türken 1683 vor Wien standen, war er es, der die ungarischen Kroninsignien in Sicherheit brachte. Doch vor allem hatte er später die stets widerspenstigen Stände des Landes dazu bewegt, den Erbanspruch der Habsburger auf die Königskrone des Landes anzuerkennen. Am 7. Dezember 1687 empfing er den höchsten Lohn dafür: Kaiser Leopold I. erhob ihn in Pressburg zum Fürsten – eine seltene Ehre für einen Ausländer, der im Reich keine Ländereien besaß.

Nun gehörten die Esterházy zum europäischen Hochadel. Als Zeichen der Verbundenheit mit den Habsburgern zeigte ihr Wappen fortan ein »L«, die Initiale des Kaisers. Den Titel gab es jedoch nicht umsonst: In seinen Unterlagen notierte Paul, dass allein die Auslagen dafür 27 000 Gulden überschritten – immerhin so viel Geld, wie ihm die Herrschaft Eisenstadt im Burgenland in einem Jahr einbrachte. Vermögen war eine entscheidende Voraussetzung, um in den höchsten Kreisen mithalten zu können. Die Esterházy lagen nach Besitz und Einkünften im Habsburgerreich auf dem zweiten Platz hinter der Familie Liechtenstein. Im 18. Jahrhundert besaßen sie 400 000 Hektar Land, eine Fläche fast so groß wie das Saarland, Hamburg und Berlin zusammen, und nahmen pro Jahr 700 000 Gulden ein. Im selben Zeitraum musste ein Tagelöhner mit höchstens 30 Gulden auskommen.

Doch selbst sechsstellige Einkommen reichten oft kaum aus, um den aufwendigen Lebensstil des Hochadels zu finanzieren.

Getrieben vom Konkurrenzkampf bei Hofe, gaben viele Aristokraten Unsummen für steinerne Statussymbole aus: Rund um die Hofburg des Kaisers in Wien entstand ein Barockpalast nach dem anderen. Maßstäbe setzte dabei das Majoratspalais der Familie Liechtenstein in der Bankgasse: Fürst Johann Adam, der »Krösus von Österreich«, kaufte den Rohbau 1694 und ließ das Gebäude zum modernsten Stadtschloss Wiens vollenden. Mit seiner Fassade im klassisch-strengen Stil wurde das Gebäude zum Urtyp fortschrittlicher Palastarchitektur.

Das »Fürstliche hauß Liechtenstein giebet Fürstenpersonen in Teutschland ein schönes modell, Fürstlich zu leben und hauß zu halten«, schrieb der zeitgenössische Autor Zacharias Zwantzig über dieses Schloss und den prächtigen Gartenpalast, den der Fürst in der Rossau vor den Toren der Stadt errichten ließ. Regelmäßig zogen sich die adeligen Familien in solche Lustschlösser außerhalb zurück, um ihre Unabhängigkeit zu demonstrieren. Und manchmal folgten ihnen die Monarchen sogar – um den Prunk zu bewundern.

Im September 1773 besuchte Maria Theresia, Erzherzogin von Österreich und Königin von Ungarn und Böhmen, den Großmeister des Pomps unter ihren Untertanen: Fürst Nikolaus I. von Esterházy, auch der Prachtliebende genannt. Neun Jahre zuvor hatte er für Maria Theresias Sohn Joseph II. in Frankfurt eine spektakuläre Feier zur Krönung inszeniert. Johann Wolfgang von Goethe hatte hinterher vom »Esterházyschen Feenreich« geschwärmt. Jetzt empfing der Fürst die Regentin in seiner opulenten Schlossanlage Esterházy, die er in Fertőd nahe dem Neusiedler See bauen ließ. Gerade war die Bagatelle, ein Lusthaus im chinesischen Stil, vollendet worden. In der 8000 Menschen fassenden Schlossanlage verzauberte er Maria Theresia mit einem gigantischen Fest – zwei Tage lang.

Mit Esterhazy lustwandelte sie durch die Gärten, hörte im Opernhaus »L'infedeltà delusa« unter Leitung des hauseigenen Kapellmeisters Joseph Haydn und vergnügte sich abends beim Maskenball in der Bagatelle. Als sie eigenhändig ein Feuerwerk entzündete, erstrahlte das ungarische Wappen und darüber glitzerten die Buchstaben VMT: Vivat Maria Theresia. Nikolaus' Liebe zur Pracht kam die Esterházy teuer zu stehen: Als er 1790 starb, hinterließ er seinen Nachkommen 3,8 Millionen Gulden Schulden. Doch der Einsatz lohnte sich, noch immer. Die Habsburger hatten die Aristokratie zwar geschwächt, doch nicht völlig entmachtet. Der Adel regierte weiterhin maßgeblich mit – nun nicht mehr gemeinsam in den Ständeversammlungen, sondern als Berater des Kaisers in Wien. Das war auch so geblieben, nachdem Maria Theresia mit ihrer Staatsreform 1749 die Adelsprivilegien weiter beschnitten hatte: Die Familien verloren die oberste Gerichtshoheit und mussten Verwaltungskompetenzen an die neuen Kreisämter abgeben. Und statt wie bisher der Monarchin jährlich die Steuern zu bewilligen, mussten die Aristokraten jetzt längerfristige sogenannte Rezesse verabschieden – und sogar selbst Abgaben zahlen.

Auch das Militär reformierte die Habsburgerin, Untertanen konnten als Soldaten nun zwangsrekrutiert werden, die lokalen Adeligen hatten keine Mitspracherechte mehr. Wer es jedoch wie Fürst Josef Wenzel von Liechtenstein geschickt anstellte, konnte seinen Einfluss durchaus behaupten. Im österreichischen Erbfolgekrieg 1741/42 hatte Österreich eine herbe Niederlage gegen Preußen erlitten. Fürst Josef Wenzel erkannte als Generalissimus der Regentin die entscheidende Ursache für die eklatante Schwäche der österreichischen Armee: die veraltete Artillerie.

Grandezza: Nikolaus I. von Esterházy trug den Beinamen »der Prachtliebende«. Er beschäftigte an seinem Hof den Komponisten Joseph Haydn als Kapellmeister.

Im Auftrag der Kaiserin, mithilfe ausländischer Experten und eigenen Geldes entwickelte der Fürst neuartige Feldstücke, Haubitzen und Mörser. Jährlich zog er das Artilleriekorps zu Gefechtsübungen zusammen und verteilte Lehrschriften zur Handhabung der Geschütze, die er auf eigene Kosten neu herausbrachte. Uneigennützig war der Einsatz jedoch nicht: Als privater Unternehmer produzierte Josef Wenzel in seinen neuen böhmischen Manufakturen jene Waffen für die Armee, die er als staatlicher Generaldirektor der Artillerie entwickelt hatte. Das österreichische Heer rüstete auf, bis Maria Theresia schließlich im Siebenjährigen Krieg Rache an Preußen nahm. 1757 schlugen ihre Truppen den Gegner bei Kolin – dank der überragenden Geschütze. Der preußische König Friedrich II. nannte Josef Wenzel daraufhin anerkennend einen »Pionier der modernen Artillerie«.

Die Familie Liechtenstein hatte nun fast alles erreicht, was man als Adelsgeschlecht erreichen konnte. 1719 waren ihre Territorien rund um Schloss Vaduz am Rhein zum Reichsfürstentum erhoben worden, damit wurden die Fürsten in den Reichsfürstenrat des Reichstags aufgenommen. Jetzt durften sie also nicht mehr nur an der Politik in den Habsburgischen Landen mitwirken, sondern auch im Reich.

Mochten die Staaten auch zunehmend auf eine moderne Verwaltung durch Berufsbeamte setzen, mochten Unternehmer und Bankiers durch eigene Verdienste gesellschaftlich aufsteigen, die alten Titel und die Versprechen, die mit ihnen einhergingen, zählten weiterhin. Und so bemühte sich auch die Familie Esterházy hartnäckig darum, endlich auf eine Stufe mit ihren Konkurrenten, den Liechtenstein, zu gelangen, Sitz und Stimme im Reichsfürstenrat zu erhalten.

Wie sein gleichnamiger Großvater gab auch das amtierende Oberhaupt des Hauses, Fürst Nikolaus II., das Geld mit beiden

Händen für Kunst, Neubauten und einen luxuriösen Lebenswandel aus. Trotzdem gelang es ihm, die Reichsgrafschaft Edelstetten in Bayern für eine jährliche Leibrente von 11 000 Gulden zu kaufen. Am 20. Juni 1804 nahm der Ungar die Herrschaft in Empfang, ein knappes halbes Jahr später wurde sie von Kaiser Franz II. zur gefürsteten Reichsgrafschaft erhoben. Nikolaus II. hatte es geschafft: Er war nun unmittelbarer Reichsfürst und damit endlich den Liechtenstein, den Schwarzenberg und den anderen führenden Adelsgeschlechtern in der Habsburgermonarchie ebenbürtig. Auf der Bank des Reichsfürstenrats saß er jedoch nie. Am 6. August 1806 legte Franz II. die römisch-deutsche Kaiserkrone auf Druck Napoleons nieder. Das Heilige Römische Reich deutscher Nation war nach 844 Jahren Geschichte.

Für die Familie Liechtenstein hingegen zahlten sich die Investitionen der vergangenen Jahrhunderte aus: Mit dem Fall des Reichs wurde ihr Fürstentum souverän, nun war der Fürst selbst oberster Regent in seinem Land. Bis heute existiert der Kleinstaat als konstitutionelle Erbmonarchie. Und bis heute stellt die Familie der Liechtenstein den regierenden Landesfürsten.

Mitsprache!

Wie der Adel in Ständeversammlungen mitregierte

Das Heilige Römische Reich war kein Nationalstaat, sondern ein im Mittelalter gewachsener hierarchischer, ständischer, auf Treuebekundung beruhender Verband. Oberhaupt war der König, der meist anschließend zum Kaiser gekrönt wurde. Er fungierte als höchster Lehnsherr, Richter und Wahrer von Frieden und Recht und wurde gewählt.

Die **»Goldene Bulle«**, eine Gesetzessammlung von 1356, bestimmte endgültig, dass allein die Kurfürsten (anfangs die Erzbischöfe von Trier, Köln und Mainz, der Pfalzgraf bei Rhein, der Herzog von Sachsen, der Markgraf von Brandenburg und der König von Böhmen, vom 17. bzw. 18. Jahrhundert an zusätzlich auch der Herzog von Bayern und der Herzog von Braunschweig-Lüneburg) einen neuen König wählen durften.

Der Monarch konnte nicht unabhängig regieren, sondern musste für viele Entscheidungen, die zum Beispiel Kriege, Steuern und Gesetze betrafen, auf Reichstagen die **Einwilligung der Reichsstände** einholen. Zu diesen gehörten Einzelpersonen und Korporationen, nämlich die Kurfürsten, die Fürsten, Grafen und Herren, geistliche Vertreter wie zum Beispiel Bischöfe und Äbtissinnen sowie die Reichsstädte. Um in den Reichsstand erhoben zu werden, musste ein Adliger von 1654 an ein reichsunmittelbares Territorium besitzen, also ein Lehen, das direkt vom Kaiser vergeben wurde und keinem Herrn darunter unterstellt war.

Auf Länderebene verhielt es sich ähnlich: Hier traten Landtage zusammen, also der Landesherr mit den jeweiligen Ständen, um zum Beispiel Steuerangelegenheiten zu regeln. Die Zusammensetzung der Landstände konnte sich regional unterscheiden. Meist gehörten der Herren-, Prälaten- und Ritterstand sowie die Städte dazu, mitunter waren aber auch, wie in Tirol, die Bauern vertreten.

Die **Ständeversammlungen** verstanden sich zwar als Repräsentation des ganzen Landes, spiegelten aber nicht die Meinungsverhältnisse der Bevölkerung wider. Schließlich war hier nur die Elite vertreten, die die Interessen ihres jeweiligen Standes vertrat, und keine demokratisch gewählten Abgeordneten.

À LA MODE

Kaum etwas war dem Adel wichtiger, als seinen herausgehobenen Platz in der Ständegesellschaft zu behaupten – auch mithilfe der Garderobe. Strenge Vorschriften legten fest, wer welche Stoffe, Schnitte, Farben, Kopfbedeckungen und welchen Schmuck tragen durfte.

Von Bettina Musall

Paris wurde schon im 12. Jahrhundert Hauptstadt der Mode, als Heinrich II., Herzog der Normandie, und Philipp IV., »der Schöne«, Frankreichs Vormacht in Europa ausbauten. Der französische Hof bestimmte die »mâze«, Schnitte und Materialien, Ritter brachten von ihren Kreuzzügen Eindrücke einer prunkvollen Textil- und Anziehkultur mit in die Heimat. Die so entstehende höfisch-ritterliche Welt legte Kleiderordnungen für den Adel fest, um sich von niederen Ständen – und voneinander – zu unterscheiden.

Samt, Seide und Damast, aufwendige Stickereien, Pelze, Unmengen Stoff, reine, leuchtende, also teure Farben – alles setzten die edlen Herrschaften ein, um mithilfe der Aufmachung klarzustellen, welcher Platz in der Hofhierarchie ihnen zustand. »Entartet« und »unmaßend« nannte König Karl VII. von Frankreich (1403 bis 1461) sein Volk, weil es dulde, »dass jeder nach seinem Vergnügen sich kleidet«, sodass »man vermittelst der Kleider nicht mehr den Stand und Rang der Leute erkennt, ob sie Prinzen sind oder Edelleute oder Handwerker«. Je mehr sich Bürgertum und Adel im Laufe der Jahrhunderte im Status annäherten, umso rigider wurde auf Unterscheidung geachtet: Die Auswahl an Stoffen, Applikationen und Schnitten wurde eingeschränkt.

Üppig: 13. Jahrhundert

Die Portalstatuen der Kirchen und Kathedralen prägten im Hochmittelalter das Bild der höfischen Mode. Je mehr Rittertum und Adel zu einer Feudalschicht zusammenwuchsen, umso entschiedener regelte eine feste Ordnung die Hofgesellschaft und ihr modisches Erscheinungsbild. Angelehnt an die griechische Klassik, traten Stofffülle und Anordnung des Faltenwurfs bei Männern wie Frauen an die Stelle extravaganter Schnitte wie etwa einer betonten Taille, die ein Jahrhundert zuvor als Standeszeichen höfischer – also nicht arbeitender – Frauen galt. Mit einem Knopf oder einer Nadel wurde nun der Brustschlitz geschlossen, was einen kleineren Halsausschnitt erlaubte. Der Schultermantel, gelegentlich mit einem Kragen ausgestattet und lange den Männern vorbehalten, wurde für die Herrin in der Ritterzeit zum Repräsentationsgewand. Edelsteinbesetzte Borten schmückten Ärmel und Hals.

Vielsagend: 13. Jahrhundert

Da es den mittelalterlichen Gewändern noch an Taschen fehlte, trugen die Ritter zum Ausreiten reich verzierte und bestickte Beutel, mit langen Riemen am Gürtel befestigt, in denen sie Habseligkeiten, Geld und kleine Geschenke verstauten. Der Handschuh diente beiden Geschlechtern durch die Jahrhunderte dazu, Absichten und Befindlichkeiten auszudrücken. Aus edlen Materialien reich bestickt und feierlich überreicht, galten sie geistlichen wie weltlichen Herrschern als Gunstbeweis. Schwungvoll vor die Füße geworfen, forderte der Fehdehandschuh zum Duell. Und ließ eine Dame ihren ellbogenlangen Satinfingerling lasziv zu Boden gleiten, konnte sich der Höfling, der ihn aufhob, einen einladenden Blickkontakt vorausgesetzt, womöglich Hoffnungen auf eine Privataudienz machen.

Eckig: 16. Jahrhundert

Nach der Entdeckung Amerikas stieg Spanien nicht nur politisch zur Weltmacht auf. Die Adelsmode an Europas Fürstenhöfen orientierte sich über Jahrhunderte am Vorbild der spanischen Hoftracht. Inquisition und Absolutismus erzwangen dort für beide Geschlechter eine modische Strenge, die einer Uniform gleichkam. Der rigorosen Etikette entsprach ein fast geometrisches Design, in dem das Dreieck von der Halskrause bis zum Beinkleid dominierte. Der männliche Oberkörper wurde bis zur Taille in eine Art Panzer gequetscht, der oberhalb einer bauchigen, wattierten Oberschenkelhose endete. Delikaten Blickfang bildete zeitweilig eine zunehmend fantastisch gestaltete Schamkapsel, die das männliche Geschlecht akzentuierte, untenherum gefolgt von hautengen Seidenstrümpfen (die nach Erfindung des mechanischen Strumpfwirkstuhls in England

1589 allmählich an Wert verloren). Das im lustfeindlichen Spanien vorherrschende Schwarz modifizierte der elisabethanische Höfling in London nicht immer zum Vorteil eines eleganten Stils. Überhaupt hing viel davon ab, wie der Mann sein Outfit trug. Der spanische Mantel, mit Kragen und Kapuze ein flottes Requisit, machte kavaliermäßig nur dann etwas her, wenn er gekonnt um die Schulter geworfen wurde.

Unnahbar: 17. Jahrhundert

»Verdugado« hieß der sperrige Reifrock am spanischen Hof, nach jener biegsamen Gerte, über die der Stoff gespannt wurde. Unter dem Einfluss der Gegenreformation wurde der weibliche Körper ab dem 16. Jahrhundert nicht nur verhüllt, sondern quasi unerreichbar – umso unerreichbarer, je ausladender der Reifen und je edler die Hofdame, die ihn herumschwenkte. Französische Comtessen flachten hundert Jahre später ihre korbförmigen Gewänder (»Paniers«) zu einem zwar breiten, aber zugänglicheren Oval ab, das dem galanten Liebesspiel des Rokokos weniger im Weg stand. Leicht gekürzt, gaben die kostbaren Toiletten nicht nur kokett den Knöchel frei, sie wurden auch durch eine mühsam antrainierte, wippende Gangart derart in Schwingung versetzt, dass Ansätze der Beine und – mon dieu – des Spitzenunterrocks zu erspähen waren.

Ellenlang: 18. Jahrhundert

Wer Gold, Samt oder Seide, Perlen, Edelsteine oder gar Pelz tragen durfte und, wenn ja, welchen, bestimmte die Kleiderordnung. Niederen und mittleren Adeligen waren dezente Verbrämungen an Dekolleté oder Kragen gestattet. Bei Hermelin und

Zobel hörte die Großzügigkeit auf: Derart rare Pelztiere galten absolutistischen Herrschern wie Ludwig XIV. oder Napoleon Bonaparte und deren Gattinnen als Insignium der Macht. Auch die Länge einer Schleppe gab Auskunft über den Rang der Trägerin innerhalb der höfischen Hierarchie: Königinnen durften elf Ellen schleppen, Königstöchter neun, Herzoginnen drei. Wobei die Frage, wer schleppte, zu klären war: Nur Fürstinnen durften zu diesem Zweck eine Hofdame beschäftigen, ansonsten trugen Junker oder Pagen, was nicht über den Boden schleifen sollte. Zu dekorativen Zwecken trugen die Damen den Anhang schon mal selbst, ließen aber alles fallen, wenn sich jemand näherte, den sie umarmen wollten.

Klassisch: Heute

Kleiderordnungen waren nach der Französischen Revolution in ganz Europa abgeschafft. Das Ende des Adels als Stand 1918/19 und der Aufstieg reicher bürgerlicher Schichten haben unter anderem dafür gesorgt, dass Kleidung nur noch eine Frage des Geldes, nicht mehr der Herkunft ist. Seither schwappt jede Mode, die beim gemeinen Volk auf der Straße oder auf Instagram en vogue ist, zurück in die Schlösser und Paläste. Eine Entwicklung, die dem verarmten Teil des Adels zugutekommen dürfte. Und dann gibt es noch die Gräfinnen, Fürsten und Vons, die mit dem Erbe einer untergegangenen Zeit lieber nicht so auffallen wollen oder die es tatsächlich vorziehen, bescheiden zu leben. Jene, die sich von der postmodernen Welt des »anything goes« unterscheiden wollen, entscheiden sich auffällig oft für die Unauffälligkeit wachsbeschichteter Regenjacken oder regional verorteter Trachtenoutfits. Ganz und gar befreit von niederrangigen Rücksichtnahmen lässt sich Elisabeth II., Königin von

England, seit Jahrzehnten so gleichbleibend wie unverwechselbar ausstaffieren. In 68 Dienstjahren als »Queen« bezauberte die 163 Zentimeter messende Monarchin mit farbenfrohen Mänteln und Hüten, konsequent begleitet von Schnallenpumps und einer in Schulterblatthöhe befestigten Brosche, eine Mode, die nur einer, selbstverständlich Ihrer Majestät eigenen Regel folgt: »Ich muss sichtbar sein.«

DIE ALTERNATIVEN

Arbeiten? Und etwa auch noch selbst? In der Theorie war schon der Gedanke für Aristokraten eine Zumutung. Tatsächlich aber wurden zahlreiche Blaublüter zu erfolgreichen Unternehmern.

Von Benno Stieber

Als sich Königin Victoria von England für Januar 1845 zu Besuch in Stowe House ansagt, will sich der Herzog von Buckingham nicht lumpen lassen. Auf eigene Kosten lässt er ein Regiment aufmarschieren, 400 seiner Pächter stehen zum standesgemäßen Empfang der Queen zu Pferd sauber aufgereiht Spalier. Hunderte Landarbeiter sind angetreten, Blaskapellen spielen, Artilleriesalven werden abgefeuert. Der Herzog hat seine riesige Landvilla für diesen royalen Anlass komplett neu einrichten lassen. Im königlichen Badezimmer sollen Tigerfelle gelegen haben. »Ich habe in keinem meiner beiden Paläste solche Pracht«, merkt die Queen an.

Der Besuch der jungen Königin und ihres Gemahls war der Höhepunkt des extravaganten Lebensstils des Herzogs – und sein Endpunkt. Richard Plantagenet Temple-Nugent-Brydges-Chandos-Grenville, der zweite Herzog von Buckingham, erfüllte das klassische Ideal des Adels: Er lebte von den Einkünften seiner Güter, war als Politiker im Oberhaus tätig und ein Agrarlobbyist, der von sich behauptete, »jeder Maßnahme Widerstand zu leisten, die den Interessen der Landwirtschaft schaden würde«. Doch damit verfolgte er eine Strategie, die schon an ihr Ende kam, bevor die Korngesetze 1846 abgeschafft wurden; sie hatten den Preis für britisches Getreide mit hohen Einfuhrzöllen abgesichert.

Sein luxuriöses Leben mit Affären und unehelichen Kindern hatte den Herzog schon zuvor dem Bankrott nahegebracht. Um den Ruin der Familie aufzuhalten, musste sein Sohn Richard kurz nach dem königlichen Besuch die gesamte Inneneinrichtung wieder versteigern. Mit Sparsamkeit und einem geradezu bürgerlichen Erwerbseinkommen in der Leitung der London and North-Western Railroad konnte dieser dritte Herzog von Buckingham schließlich einen Teil des Familienvermögens, das Stowe House und manch anderes im Familienbesitz halten.

Das Bild von Adeligen, die allein von Pachten und Erträgen ihrer Ländereien leben und ihr Vermögen in die aufwendige Repräsentation ihres gesellschaftlichen Status investieren, ist ein Klischee, immer wieder aufgekocht in Romanen und Serien wie »Downton Abbey«. Es entsprach aber auch dem Selbstbild der europäischen Fürsten, Grafen, Herren und ihrer Familien bis ins späte 19. Jahrhundert.

Fleiß und Sparsamkeit galten als bürgerlich, Arbeit wurde im Adel traditionell eher verachtet. So schrieb das »Deutsche Adelsblatt« noch 1887: »Uns will eine kaufmännische, fabrikatomische Ausbeutung des größeren Grundbesitzes nicht angemessen erscheinen … Der adelige Majoratsherr scheint uns aber vor allem die Pflicht zu haben, den Familienbesitz, den er von den Vorfahren überkommen, zu erhalten, auf das Beste zu bewirtschaften, ohne deshalb mit aller seiner Thätigkeit in der materiellen Beschäftigung auf zu gehen.« Als der Text erschien, hatte sich dieses adelige Selbstbild faktisch längst überlebt: Die Industrialisierung wirbelte die Wirtschaft durcheinander, die Agrargesellschaft früherer Zeiten, auf deren Grundlage der Adel gewachsen war, löste sich auf. Doch das Ideal hatte auch vorher nie ganz der Realität entsprochen. Zu allen Zeiten waren einzelne Aristokraten mehr als bloße Verwalter ihres ererbten Vermögens, sie versuchten, mit Innovationen und Investitionen ihr Vermögen zu sichern oder zu mehren.

Wie hoch der Anteil der Unternehmer in Adelskreisen in den verschiedenen Epochen war, können Historiker heute allerdings schwer einschätzen. Weil der Schriftverkehr über wirtschaftliche Belange in den adeligen Familienarchiven seltener aufbewahrt wurde als jener zu juristischen Vorgängen, gibt es nur wenige Dokumente. Insgesamt sei die Forschung über adelige Unternehmer noch höchst lückenhaft, schreibt Manfred Rasch, Professor für Technik- und Umweltgeschichte an der Ruhr-Universität. Vor allem die Frage nach den Besonderheiten des adeligen Unternehmertums sei noch nicht erforscht.

Doch herausragende Figuren repräsentieren in der Art, wie sie ihre Unternehmungen führten, ihre Zeit. Sie zeigen, dass weitsichtige Adelige sich schon früh nicht mehr allein auf die Tradition und ihre Ländereien verließen – und auf welche Ideen sie kamen, um mit eigener Arbeit Geld zu verdienen.

Der Kriegsunternehmer

Das Kriegshandwerk ist die Wurzel vieler alter Adelshäuser in Europa. Oft bekamen treue Kämpfer Titel und Ländereien als Belohnung für ihre Dienste auf dem Feld verliehen. Der Dreißigjährige Krieg ab 1618 brachte einen neuen Typus des Kriegsunternehmers hervor: Unabhängige Heeresführer, nach dem Vorbild der mittelalterlichen Söldnerführer »Condottiere« genannt, oft aus niederem Adel, stellten sich gegen Sold in den Dienst eines oder wechselnder Herren. Keiner betrieb dieses Kriegsgeschäft so ehrgeizig, konsequent und erfolgreich wie der böhmische Landadelige Albrecht Wenzel Eusebius von Waldstein, genannt Wallenstein. Er wurde – auch dank des Dramas, das Friedrich Schiller über ihn schrieb – zum berühmtesten Söldnerführer seiner Zeit. Und er war Rüstungsunternehmer und Kriegsfinanzier.

Wallenstein, geboren 1583, stammte aus einem alten, aber wenig begüterten böhmischen Adelsgeschlecht. Das Startkapital für seinen Aufstieg verschaffte er sich in jungen Jahren durch die Heirat mit einer enorm vermögenden Witwe. Zu weiteren Ländereien kam er nach der böhmischen Ständerevolution, die vom protestantischen Adel angeführt wurde: Wallenstein stellte sich an die Seite des katholischen Kaisers in Wien und wurde dafür mit gewaltigen Gütern belohnt. Als Herzog von Friedland, wie er sich nun nennen durfte, führte er seine landwirtschaftlichen Betriebe nach damals noch wenig verbreiteten betriebswirtschaftlich anmutenden Grundsätzen. Als der Dreißigjährige Krieg ausbrach, trat er, wie viele andere Adelige, mit eigenen Soldaten in den Dienst des Kaisers.

Aber Wallenstein stellte nicht nur einzelne Regimenter auf, wie der Kaiser das von seinen Fürsten erwartete. Er bot 1625 an, auf eigene Kosten eine ganze Armee von 24 000 Mann aufzustellen. Eine solch riesige Armee konnte der notorisch klamme Kaiser nicht auf Dauer finanziell unterhalten. Wallenstein entwickelte deshalb sein Kontributionssystem: Territorien, in denen seine Armee stationiert war, mussten den gesamten Unterhalt der Soldaten bezahlen, egal ob sie Freund, Feind oder neutral waren. So wurde Wallenstein unabhängig von der Zahlungsfähigkeit und -willigkeit des Habsburger Hofs.

Sein eigenes Herzogtum Friedland im nordöstlichen Böhmen stellte er ganz in den Dienst seiner Armee und baute eine eigene Rüstungswirtschaft auf: Er ließ im ganzen Herzogtum Kornspeicher zur Versorgung der Soldaten anlegen. Schuster produzierten in anderthalb Jahren 26 700 Paar Schuhe, Schneider nähten Tausende Landsknechtskleider. Die Rüstungswerkstätten von Raspenava im heutigen Tschechien produzierten allein von Mai bis September 1627 rund 4000 große Artilleriekugeln, 3000 Äxte und Beile, 10 000 Schaufeln und Zehntausende Hufeisen.

Für die Arbeiter »am Hammer« gab es, um die Moral zu heben, gelegentlich Freibier aus den eigenen Brauereien. Schon bald reichte die Rüstungskammer Friedland nicht mehr aus, um Güter für die kaiserliche Armee zu liefern. Während die zivile Wirtschaft durch den verheerenden Krieg in ganz Europa zerstört wurde, baute Wallenstein mithilfe seines Finanziers Hans de Witte europaweit ein effizientes Handelsnetzwerk für Rüstungsgüter aller Art auf, das sich vom Krieg nährte.

Das funktionierte jedoch nur so lange, wie Wallenstein Generalissimus des Kaisers war. Und solange es ihm möglich war, immer weiter Kontributionen aus den besetzten Gegenden zu pressen. Das wurde mit jedem Jahr des grausamen Krieges schwieriger. Als Wallenstein 1630 das erste Mal auf Druck des Kurfürstentags vom Kaiser als Oberbefehlshaber der kaiserlichen Armee entlassen wurde, beging sein Kreditgeber de Witte

Selbstmord: auch weil er wusste, dass Wallenstein ohne Heer seine Kredite nicht mehr bedienen konnte. Wallenstein kehrte noch einmal als Feldherr zurück. Doch als er 1634 endgültig abgesetzt wurde, brach das Wirtschaftssystem Wallenstein zusammen. Der Kaiser verdächtigte seinen Feldherrn des Hochverrats, fünf Wochen später wurde der Kriegsunternehmer von Offizieren liquidiert. Tatsache war aber auch, dass der Monarch sich mit Wallensteins Tod aus einer enormen Abhängigkeit befreit hatte. Das Vermögen des Kriegsunternehmers fiel an den Kaiser und seine Anhänger.

Die Dienstleister

Bereits lange vor Wallensteins Aufstieg legten lombardische Adelige den Grundstein für eine der größten und wichtigsten Unternehmungen im Europa der Neuzeit: die Post. Das Know-how für das harte Geschäft der berittenen Boten pflegte die Familie wohl schon seit dem 12. Jahrhundert. Damals soll Amadeo Tasso mit 32 seiner Verwandten ein Kuriersystem zwischen Venedig und Rom eingerichtet haben. Später waren die Tassis Postmeister des Papstes. 1489 trat Janetto de Tassis seinen Dienst beim späteren Kaiser Maximilian I. von Habsburg an. Ein Bote mit einem Brief des Fürsten schaffte zu dieser Zeit zwischen 20 und 50 Kilometer pro Tag – zu langsam für wichtige Korrespondenzen.

Um die Zeit zu verkürzen, brachte Janettos Bruder Francesco, der sich auch Franz von Taxis nannte, eine innovative Idee an den Hof von Innsbruck: eine Poststrecke mit Relaisstationen zwischen dem Hof und den Städten Mailand und Brüssel. Nun hatte ein Bote nicht mehr die ganze Strecke zu bewältigen. Stattdessen wurde die Nachricht etwa alle 40 Kilometer einem neuen Boten mit frischem Pferd übergeben. Damit schaffte es eine Depesche aus Innsbruck 1505 innerhalb von fünf oder sechs Tagen nach Brüssel.

Der Unterhalt der Relaisstationen aber kostete, und auch die Taxis mussten die Erfahrung machen, dass der Kaiser in Wien ein säumiger Zahler war. Das zwang die kaiserlichen Postmeister, sich nach solventeren Kunden umzusehen. Die süddeutschen Handelshäuser der Fugger und Welser wurden zu wichtigen Kunden der Post. Damit wurde sie, wenigstens teilweise, von einer staatlichen Einrichtung zu einem Unternehmen.

1505 gelang Franz von Taxis der nächste Schritt zum freien Dienstleistungsunternehmer. Er schloss mit dem kastilischen König Philipp I., dem Sohn Maximilians, den spanisch-niederländischen Postvertrag. Die Taxis hatten nun innerhalb ihres Unternehmens gewisse staatliche Hoheitsrechte, wie sie ein Landesfürst besaß. Sie konnten jeden, der die Beförderung der Post behinderte, zur Unterstützung zwingen und über Postangestellte Gerichtsurteile fällen.

Die von den Taxis organisierte Post war höchst erfolgreich: Ab dem 17. Jahrhundert gab es Postrouten im ganzen Habsburger Reich, bis nach Granada reichte das Netzwerk. Die schnellen Nachrichten ließen Europa enger zusammenrücken. Bald wurden nicht mehr nur Nachrichten, sondern auch Waren und Wertgegenstände in Postsäcken und später auch Personen in Postkutschen transportiert. Doch der Versuch, die Taxis'sche Post als Monopol im Kaiserreich zu etablieren, gelang nie ganz. Vor allem die protestantischen Fürsten unterhielten aus Misstrauen gegenüber dem katholischen Kaiser weiter ihre eigenen Post- und Botensysteme. Erst 1615 erhielt Lamoral von Taxis das kaiserliche Postregal – das Recht zur alleinigen Postbeförderung – als erbliches Lehen. Nun gehörte die kaiserliche Post den Taxis, die sich ab 1650 Thurn und Taxis nannten und später zu Reichsgrafen aufstiegen.

Den Dreißigjährigen Krieg, die Französische Revolution, weitere Kriege und Veränderungen überstand die Post der Thurn und Taxis. Erst der Zerfall des Heiligen Römischen Reiches Deutscher Nation 1806 läutete das Ende der Post als Privatunternehmen ein. Aus dem Kaiserreich wurden Kleinstaaten, etliche führten eine eigene staatliche Post ein.

Im Konflikt zwischen Habsburg und Preußen um die Vormachtstellung hatten die Thurn und Taxis in Otto von Bismarck einen mächtigen Gegner, er nahm ihnen die Nähe zum Haus Habsburg übel. Als Preußen im Deutschen Krieg 1866 Österreich besiegte, erzwang das Haus Hohenzollern die Abtretung sämtlicher Postrechte an Preußen. Es war der Beginn der staatlichen Post in Deutschland – und das Ende eines Familienunternehmens, das fast 600 Jahre lang existierte.

Der Fabrikant

Mit der Industrialisierung gewann die bürgerliche Gesellschaft gegenüber dem Adel an Bedeutung. Die Aristokratie kämpfte nun zunehmend mit vermeintlich bürgerlichen Mitteln ums »Obenbleiben«, wie es Adelsforscher Rasch formuliert. In England investierten Lords und Peers zur Sicherung ihres Wohlstands in Aktien. In Deutschland war man in dieser Hinsicht, gemessen am Vermögen, das zur Verfügung stand, zurückhaltender. In der zweiten Hälfte des 19. Jahrhunderts stieg die Zahl der adeligen Unternehmer allmählich. Das lässt sich anhand der Mitgliederlisten von Industrieverbänden feststellen. Besonders viele Adelige fanden sich danach in Vorständen und Verbänden der Chemieindustrie.

Die Industrialisierung gab nicht nur dem Bürgertum neue Aufstiegschancen. Auch die adeligen Unternehmer hatten nun mehr Möglichkeiten, waren immer weniger abhängig von Obrigkeit und höfischen Konventionen. So brauchte der westfälische Landadlige Johann Ignaz Franz Reichsfreiherr von Landsberg-Velen nicht mehr die Gunst des preußischen Königs, um 1822 seine Chemiefabrik zu gründen. Die notwendigen Konzessionen konnte er als Adeliger, der auch regionale Ämter innehatte, leicht selbst besorgen.

Als einer der wohlhabendsten Männer Westfalens brachte Landsberg-Velen bessere Voraussetzungen mit als die meisten bürgerlichen Gründer: Über Kapital und Produktionsmittel verfügte er bereits. Aber die Motivation und der Stil, mit der er sein Unternehmen zum Erfolg führte, waren von der eines Bürgerlichen kaum zu unterscheiden. Landsberg-Velen formulierte seinen eigenen Anspruch 1851 so: »Es genügt nicht, das Verfahren selbst zu kennen, sondern es bedarf auch einer Beurtheilung in seiner Wirkung, um ein klares und richtiges Urtheil über den Verlauf der Sache zu faßen und, im Falle Schattenseiten sich ergeben, zu erwägen, wie diese zu beseitigen seyn möchten.«

Dass ein westfälischer Landadeliger überhaupt auf die Idee kam, eine Chemiefabrik zu gründen, hatte einen für die Zeit typischen Grund: Rohstoffknappheit. Zu Landsberg-Velens Vermögen gehörte seit je die Wocklumer Eisenhütte im Sauerland, südöstlich von Iserlohn. Sie verschlang große Mengen Holzkohle, die damals in offenen Meilern hergestellt wurde. Landsberg-Velen konnte den Holzbedarf dafür nicht aus dem eigenen Waldbestand decken. Und weil in der Region viele weitere Hochöfen standen, stiegen die Holzpreise immer weiter an.

In dieser Situation wurde der Freiherr vom Münsteraner Apotheker Ferdinand Herold mit einem neuen Verfahren zur Holzkohlegewinnung bekannt gemacht: Das Holz sollte in geschlossenen Öfen verkohlt werden. Dabei entstehende Nebenprodukte wurden unter anderem zu Teer, Gips und Bleiweiß weiterverarbeitet, die im Baugewerbe, in der Glasveredelung und der Farbproduktion gebraucht wurden. 1822 eröffnete die Chemische Fabrik Wocklum. Landsberg-Velen ging dabei ein hohes unternehmerisches Risiko ein: Die Verkohlung in geschlossenen Öfen war noch nicht praktisch erprobt. Er verließ sich auf den Fachmann; der Apotheker Herold wurde als »Dirigent« der Fabrik sein Geschäftspartner. Landsberg-Velen stellte den Hauptteil des Kapitals und ließ die notwendigen Produktionsgebäude bauen, ein Labor wurde in einer ehemaligen Kapelle untergebracht. Fast alle Rohstoffe für die chemische Produktion kamen von den Gütern der Landsberg-Velens. So war die Wocklumer Chemiefabrik nie auf Bankkredite angewiesen. Bald produzierte die Chemiefabrik neben Holzkohle bis zu 38 Produkte aus organischen und anorganischen chemischen Prozessen, etwa Schwefel- und Salpetersäure oder Soda.

Der Reichsfreiherr fungierte zunächst als stiller Teilhaber: Er tat alles für den Erfolg seines Unternehmens, hielt sich aber aus den operativen Prozessen heraus. Er sorgte sich um den Ausbau von Straßen in der Region und richtete für die Mitarbeiter eine Krankenkasse ein, damit sie kostenlos medizinisch behandelt wurden. Doch nachdem Herold ausgestiegen und ein Nachfolger gescheitert war, musste der Freiherr nach 17 Jahren selbst eingreifen.

Um seine Investitionen, aber auch die Arbeitsplätze zu retten, entschloss sich Landsberg-Velen 1839, für Produktion und Finanzen jeweils einen Geschäftsführer anzustellen. Er selbst trieb von nun an als chemischer Laie Innovationen voran. Als »wissenschaftlicher Koordinator«, wie er es nannte, wertete er in seinem Schloss in Münster systematisch chemische Zeitschriften, Hand- und Lehrbücher aus, übermittelte den Chemikern im Betrieb fast täglich seine Notizen mit Anregungen für Verbesserungen und neue Produkte. So entstand zwischen den Experten und dem chemischen Autodidakten Landsberg-Velen eine rege schriftliche Diskussion über Fabrikationsmethoden und Reaktionsabläufe, die die Firma vorantrieb.

Als Landsberg-Velen 1863 starb, führte sein Sohn Friedrich die Geschäfte erfolgreich weiter. Ihn hatte der Vater nicht mehr auf die im Adel traditionelle Kavaliersreise durch Europa geschickt, sondern mit Studienreisen an Standorte der englischen Chemieindustrie auf die Nachfolge vorbereitet. Mit der Weltwirtschaftskrise allerdings gingen 1930 Teile des freiherrlichen Unternehmens in Konkurs. Ein Prokurist der Landsberg-Velens übernahm die Chemiefabrik und führte sie nach dem Zweiten Weltkrieg weiter. Die Chemie Wocklum existiert bis heute.

WAS VOM ADEL ÜBRIG BLIEB

Einst galt sie als rebellischer Popstar, inzwischen sorgt sie für Schlagzeilen mit ultrarechten und rassistischen Thesen: Gloria von Thurn und Taxis.

Von Uwe Klußmann

Die Frau mit dem adeligen Namen Gloria Prinzessin von Thurn und Taxis verblüffte Beobachter schon in jungen Jahren. Mit Anfang zwanzig galt sie als »Punkfürstin«. Da ließ sie sich ihre Haare von Starfriseur Gerhard Meir zu turmartigen Kunstwerken verformen. Sie erschien mit einer haarspraysteifen Löwenmähne in Pink auf dem Hochzeitsball ihrer Schwester in Salzburg. Und tanzte in der New Yorker Disco »Palladium« in einem Kettenhemd von Paco Rabanne auf einer Tischplatte. Auch ein SPIEGEL-Reporter schwärmte 1986 von ihren »fiebrig schönen Augen« und fand, sie habe »etwas ungemein Explosives«.

Geboren wurde sie im Februar 1960 als Tochter von Joachim Graf von Schönburg-Glauchau und seiner ersten Frau Beatrix.

Die Schönburgs gehörten zum sächsischen Adel, per Bodenreform 1945 in der Sowjetischen Besatzungszone entschädigungslos expropriiert, Vater Schönburg verdiente sein Geld als Journalist, unter anderem als stellvertretender Chefredakteur der Jagdzeitschrift »Die Pirsch«.

»Wir waren verarmt, weil uns die Kommunisten enteignet hatten«, bilanziert Gloria ihr Familienschicksal. Doch der vermeintlichen Armut entfloh sie mit einem Schlag. 1980 heiratete sie einen der reichsten Männer Deutschlands, Johannes Prinz von Thurn und Taxis, Universalerbe des riesigen Vermögens der Familie, zu dem auch umfangreicher Waldbesitz gehört.

Die Hochzeit mit dem 34 Jahre älteren Lebemann feierte sie 1980 auf Schloss St. Emmeram in Regensburg, vergoldete Kutsche und Brautdiadem inklusive. Der Milliardär und Star der Regenbogenpresse pflegte sein Jetset-Leben, mal mit, mal ohne die auffällige Gestalt an seiner Seite, bis er zehn Jahre später verstarb. So erbte sie mit 29 Jahren sein Vermögen und das Schloss, mit einer Wohnfläche von 21 500 Quadratmetern größer als Buckingham Palace.

Ihrem Hang zum Hemmungslosen blieb sie treu. Schon zu Lebzeiten ihres Mannes hatte sie dessen Freunde aus der Familie Rothschild als »Weinjuden« bezeichnet. In der ARD-Talkshow »Friedman« dozierte sie 2001 mit erhobenem Zeigefinger über das Sexualverhalten von Afrikanern: »Der Schwarze schnackselt gern.« Das Entsetzen war groß, doch folgenlos – im September 2008 legte Gloria noch einmal nach, in der »Bild«-Zeitung, dem Zentralorgan für das, was man doch noch mal wird sagen dürfen: »Die Afrikaner sind mitnichten anders drauf als wir. Dass die mehr schnackseln, hat mit den klimatischen Bedingungen da unten zu tun.«

Auffällig: Gloria feierte 1987 als Glamour-Punk auf einem Charityball im Waldorf Astoria Hotel in New York City.

Zwei Monate zuvor hatte Papst Benedikt XVI. sie zur »Komturdame mit Stern des Päpstlichen Ritterordens des heiligen Gregor des Großen« ernannt. Schon 2006 hatte sie vom Bundespräsidenten das Verdienstkreuz 1. Klasse der Bundesrepublik Deutschland erhalten. Die Auszeichnung wird »verdienten Männern und Frauen des deutschen Volkes« verliehen. Dass sie zu diesen gehört, daran scheint auch Bayerns Ministerpräsident Markus Söder, Aspirant auf die Kanzlerkandidatur, nicht zu zweifeln. Er bezeichnete sie kürzlich als »Kunstwerk« und »liebe Fürstin« – als habe er die nach der Revolution 1918 erfolgte Abschaffung des Adelsprivilegs noch nicht bemerkt. Sein Kabinettskollege Bernd Sibler, Staatsminister für Wissenschaft und Kunst, nennt die Schlossbesitzerin ernsthaft »Ihre Durchlaucht«. Ebenso halten es TV-Moderator Kai Pflaume und Hofschranzen des Bayerischen Rundfunks. So bekommt die Schlossherrin immer wieder ein Forum, nicht selten für reaktionären Nonsens.

Mal behauptet die »Fürstin zum Anfassen« (Bayerischer Rundfunk), Kondome schützten nicht vor Aids, mal nennt sie Schwangerschaftsabbrüche »Massenmord« und hebt lobend hervor, »dass die AfD die einzige Partei ist, die offen gegen Abtreibung ist«. Zugleich behauptet die Shitstorm-Erprobte, mit der AfD nicht viel am Hut zu haben. Allerdings findet sich die Schlossherrin ein bei Versammlungen rechter Abtreibungsgegner, etwa in Verona im Februar 2018. Und sie pflegt einen trauten Umgang mit Ikonen des Erzkonservativismus wie Ungarns Premier Viktor Orbán und Trumps Ex-Chefideologen Stephen Bannon. Den findet sie »nicht so schlimm«.

Zum Thema »Migration« offerierte sie 2015 eine Sicht, die selbst den rechtesten Flügel der AfD nur erfreuen kann: »Wir stehen am Rand des dritten Weltkrieges, man könnte fast sagen, diese Völkerwanderung, die hier auf uns zuströmt, ist schon eine Art Krieg.« Die »Süddeutsche Zeitung« bezeichnete sie kürzlich als »Popstar der Rechten«.

Damit ihr Auftreten Schule macht, bietet Gloria auf ihrem Schloss seit 2013 Kurse an in »gesellschaftlicher Etikette«. Bei ihr lasse sich lernen, sagt sie, »Benimmregeln« zu beherzigen und »souverän und anschaulich zu plaudern«.

»ICH BIN ES MEINEM HAUS UND MIR SELBST SCHULDIG«

Freiheit und Gleichheit forderten die Bürger in der Französischen Revolution. Für einen Grafen vom Niederrhein ging es nun um seine Existenz.

Von Joachim Mohr

Endlich! Im Mai 1793 erhielt der jugendliche Reichsgraf Joseph zu Salm-Reifferscheidt-Dyck die ersehnte »Großjährigkeitserklärung« von Kaiser Franz II., dem letzten Kaiser des Heiligen Römischen Reiches Deutscher Nation. Der Kaiser schrieb darin, dass er Joseph »tüchtig und fähig befinde, die eigene Verwaltung seiner Güter und Herrschaften, ohne allen vormundschaftlichen Beistand und Hilfe, antreten und führen zu können«.

Der niederrheinische Graf hatte seinen Vater bereits im Alter von zwei Jahren verloren und seitdem unter der Vormundschaft seiner Mutter und eines Onkels gestanden. Nun, mit knapp 20 Jahren, war er endlich sein eigener Herr und alleiniger Gebieter über seine Besitztümer und damit auch über die Herrschaft Dyck, ein Territorium von etwa neun Quadratkilometer Größe, gelegen südwestlich von Düsseldorf. Allerdings konnte der Graf seine Regentschaft nur für knapp anderthalb Jahre genießen: Im Oktober 1794 besetzten französische Revolutionstruppen das linke Rheinufer, marschierten in die Reichsgrafschaft Dyck ein und übernahmen auch das schmucke Wasserschloss, in dem Joseph residierte.

Es blieb nicht die einzige dramatische Veränderung im Leben des Grafen Joseph zu Salm-Reifferscheidt-Dyck in den unruhigen Zeiten vor und nach der Französischen Revolution. Wie auch viele andere Vertreter des Adelsstandes kämpfte er darum, sich in einer rasant verändernden Welt gesellschaftlich oben zu halten. »Ich bin es meinem Haus und mir selbst schuldig«, notierte Salm-Reifferscheidt-Dyck einmal, »mir die Verhältnisse zu sichern, die meinem Stande und meiner Geburt angemessen sind. Dieses Ziel werde ich nie aus den Augen verlieren.« Von vielen anderen Adeligen jedoch unterschied Joseph zu Salm-Reifferscheidt-Dyck vor allem eines: Er erreichte mit viel Mühen und Einsatz sein Ziel am Ende – fast.

Josephs Kindheit und Jugend waren geprägt von überlieferten adligen Vorstellungen: Die eigene Dynastie und die Kirche waren die alles entscheidenden Instanzen. Die Familie war sich ihrer Tradition bewusst: Bereits Ende des 11. Jahrhunderts wurden die Herren von Dyck erstmals genannt, sie stiegen als Gefolgsleute der Kölner Erzbischöfe auf. Die Ahnengalerie auf dem Schloss versuchte sogar, die Familie bis auf Karl den Großen zurückzuführen (was allerdings nur gelang, indem auch Vorfahren der Ehefrauen miteinbezogen wurden).

Im Alter von sechs Jahren schickte seine Mutter den kleinen Joseph gemeinsam mit seinem jüngeren Bruder auf die Schule nach Köln, zuerst auf das in der Tradition der Jesuiten stehende Konvikt Xaverianum, dann auf das ehrwürdige Gymnasium Tricoronatum, das auf eine schon im 15. Jahrhundert gegründete Lehranstalt zurückging. Die Leitbegriffe des strengen Unterrichts lauteten »Tugend und Frömmigkeit«.

Mit zwölf Jahren ging Joseph mit einem aufgeklärten und progressiven Hofmeister und seinem Bruder auf die damals für junge Adelige übliche Kavalierstour. Die mehrere Jahre dauernde Bildungsreise führte ihn zunächst durch Afrika bis zum Kap der Guten Hoffnung, dann unter anderem nach Brüssel, Paris und Wien.

In Paris verbrachte Joseph fast zwei Jahre. Die Großstadt übte großen Einfluss auf ihn aus, nicht nur wegen des Harfen-, Fecht- und Tanzunterrichts, den er hier erhielt: Er entdeckte die Botanik, die sich zu einer lebenslangen Leidenschaft entwickelte. Und er bekam eine Ahnung davon, welche gesellschaftlichen und politischen Umbrüche in Europa bevorstanden.

Am 4. Juli 1789, knapp sechs Wochen vor dem blutigen Sturm der Revolutionäre auf die Bastille, wohnte Joseph einer Deputiertenversammlung des Dritten Standes bei. Aufgebracht stritten die Abgeordneten über das Verhältnis zu dem bei vielen Bürgern verhassten Adel und Klerus. In einem Brief an seine Mutter, wie fast alle seine Briefe auf Französisch, schrieb der damals 15-Jährige beeindruckt, wie der Politiker und Schriftsteller Graf Mirabeau die hitzige Debatte nur »avec tant d'adresse et de modération« (»mit so großem Geschick und Mäßigung«) beruhigen konnte.

Josephs Hofmeister, sein Lehrer und Erzieher während der Reise, ahnte wohl, dass die Ruhe nur vorläufig war, und fuhr mit den beiden jungen Grafen weiter nach Wien, bevor die Revolution tatsächlich ausbrach. Die Forderungen nach Freiheit, Brüderlichkeit und vor allem Gleichheit, mit denen die Bürger das »Ancien Régime«, das alte Reich mit seinen Städteprivilegien, hinwegfegten, mag Joseph in der österreichischen Metropole vernommen haben. Doch noch konnten die Adligen außerhalb Frankreichs hoffen, dass sie vom Umsturz verschont würden.

Joseph heiratete und trat seine Regentschaft in Dyck an. Doch dann trafen auch ihn die Folgen der Revolution: 1794 marschierten französische Truppen ins Rheinland ein. Die dortigen Adeligen verloren kurzerhand all ihre Titel, Herrschaftsrechte und Privilegien sowie in vielen Fällen auch weite Teile ihres Besitzes.

Viele rheinische Adelige setzten sich ins Exil ab. Joseph zu Salm-Reifferscheidt-Dyck aber entschied sich zu bleiben – er wollte seine Heimat und den Besitz seiner Ahnen nicht aufgeben. Seiner Frau ging das zu weit: Sie verließ ihn und floh an den Kaiserhof nach Wien.

Joseph versuchte, die neuen Herren für sich zu gewinnen. Gleich im Oktober 1794 empfing der frankophile Graf drei französische Generäle, bewirtete sie festlich und umgarnte sie mit Geschenken. Doch er wurde, wie alle anderen Untertanen, zum einfachen Bürger erklärt. Er hieß nun »Bürger Joseph Salm«, musste hohe Kontributionen leisten, jahrelange Einquartierungen von französischen Truppen ertragen und wie jeder andere Steuern zahlen. Immerhin durfte er, anders als andere Adelige, seinen Besitz weitgehend behalten, wenn auch die Feldfrüchte enteignet wurden. Obwohl Joseph 1803 auf dem Regensburger Reichstag eine üppige jährliche Rente für den Verlust seiner landesherrlichen Rechte erwirkte, reiste er wiederholt auch nach Paris, um sich dort für seine Interessen einzusetzen.

Sogar an den französischen Außenminister Charles-Maurice de Talleyrand-Périgord wandte er sich und präsentierte sich unterwürfig als Frankreichanhänger: »Der Unterzeichnende hat weder direkt noch indirekt, weder freiwillig noch gezwungen auf irgend eine Weise an dem Krieg des deutschen Reichs gegen die französische Republik teilgenommen. Dem Unterzeichnenden kann in keiner Weise vorgeworfen werden, er sei jemals ein Feind der französischen Republik gewesen. Der Unterzeichnende erklärt ausdrücklich, dass er französischer Bürger bleiben will.«

Wiederholt versicherte Joseph den neuen Herren seine Gefolgschaft. Und seine Loyalität wurde geschätzt: Bereits im Jahr 1800 wurde er Mitglied im Departementsrat seiner Gegend, 1803 ernannte ihn Napoleon Bonaparte zum Präsidenten der Kantonalversammlung von Elsen im Arrondissement Köln, 1804 wurde er in die Gesetzgebende Körperschaft nach Paris berufen. Napoleon verfolgte nach seiner Kaiserkrönung 1804 auch im Rheinland eine Art Refeudalisierung, um sich auf eine Schicht getreuer Untergebener verlassen zu können: So wurde der »Citoyen Joseph« in den Verdienstorden der Ehrenlegion aufgenommen, 1808 verlieh Napoleon ihm sogar den Titel eines Grafen (»Comte d'Empire«).

Von großer Bedeutung für den rasanten Wiederaufstieg unter Napoleon war Josephs zweite Heirat: 1803 nahm er die bekannte französische Schriftstellerin, Komponistin und Salonière Constance Marie de Théis zur Frau. Die sechs Jahre ältere Constance, die aus einer gutbürgerlichen Familie stammte, hatte bereits große literarische Erfolge gefeiert, sie war emanzipiert und setzte sich für die Rechte der Frauen ein. In ihrem Pariser Salon verkehrte die intellektuelle und künstlerische Elite Frankreichs ebenso wie etwa der deutsche Forschungsreisende Alexander von Humboldt oder der britische Dichter Lord Byron. Bei der Heiratszeremonie mit Constance in Paris soll

Napoleon, der eingeladen war, zu Bürger Joseph Salm gesagt haben: »Vous allez épouser une muse« (»Sie sind im Begriff, eine Muse zu heiraten«).

Der französische Schriftsteller Stendhal berichtete amüsiert, dass die selbstbewusste Constance vor ihrer Hochzeit zwei Monate mit ihrem Auserwählten Joseph auf seinem Wasserschloss am Niederrhein genächtigt hatte, schlicht um zu prüfen, ob sie es dort in der Provinz auch aushalte. Dabei war die Ehe kein Arrangement, wie es in adeligen Kreisen üblich war, sondern eine echte Liebesheirat. Constance beschrieb ihren Mann 1810 in einem Gedicht mit den Worten: »... l'aimable époux qui me charme et m'enchaîne« (»der liebenswerte Gatte, der mich verzaubert und in Ketten legt«).

Constance, geschieden von einem reichen Chirurgen, brachte eine Tochter und drei Enkel mit in die Ehe; auf Schloss Dyck residierte somit eine Patchworkfamilie – zumindest im Sommer. Die Wintermonate verbrachte das Paar stets in der französischen Hauptstadt. Für Joseph war der Pariser Salon seiner Gattin ein hervorragender Ausgangspunkt, um Verbindungen in die französische Politik, in die Verwaltung und ins Militär zu knüpfen. Er engagierte sich auch bei den Freimaurern und in Jagdvereinigungen.

Josephs Stellung schien wieder gesichert: Er verkehrte in höchsten Kreisen, war angesehen und hatte sogar direkten Kontakt zum Kaiser. Doch dann wurde Napoleon im Juni 1815 in Waterloo von englischen und preußischen Truppen vernichtend geschlagen. Das französische Herrschaftssystem in Europa zerbrach – und mit ihm der Status in der französischen Gesellschaft, den Joseph sich erarbeitet hatte.

Auf dem Wiener Kongress 1815 wurde das Rheinland und mit ihm die Grafschaft Dyck dem Königreich Preußen zuge-

Bibliothek: Die bis heute erhaltenen Gebäude von Schloss Dyck stammen aus dem 17. Jahrhundert (Postkarte aus dem 20. Jahrhundert).

schlagen. Erneut drehte sich Josephs Schicksal: Aus dem in Frankreich bestens vernetzten »Comte« wurde plötzlich wieder ein unbedeutender rheinischer Gutsherr, der zunächst kaum Verbindungen in die höhere preußische Gesellschaft hatte – und zudem in ungünstiger Randlage angesiedelt war. Sofort setzte Joseph eine Ergebenheitsadresse an seinen neuen Herrn, den preußischen König Friedrich Wilhelm III., ab, um auf sich aufmerksam zu machen: »Ein großer Teil des linken Rheinufers hat sich im Gefolge glücklicher Ereignisse, bei welchem die königlich preußische Armee sich mit Ruhm bedeckte, jetzt das Glück, in Eurer Majestät ihren König und Landesvater zu verehren.«

Auf heutige Menschen mag Josephs Verhalten anbiedernd und opportunistisch wirken. Doch er selbst wird es als schlüssig und notwendig betrachtet haben. Zu seiner Zeit gab es noch kein Nationalbewusstsein, man gehörte noch nicht zu einem Staat, sondern man war Untertan eines Herrn – und der konnte eben wechseln.

Für Joseph zu Salm-Reifferscheidt-Dyck zählte deshalb nicht so sehr, ob er einem deutschen oder französischen Kaiser oder einem preußischen König unterstand, für ihn war vielmehr entscheidend, wie er sein gesellschaftliches Ansehen, seine Macht und seine Güter durch die Umwälzungen der Zeiten retten konnte. Seine Frau Constance schildert diese Einstellung in einem Brief im Jahr 1814 eindrücklich: »... wende ich mich doch denen zu, bei denen ich bin; weil nun einmal alles so ist, wie es ist. Ich folge den Bewegungen der Königreiche, Imperien und ihren Regenten, wie man einer Partie Schach folgt.«

Nun war sein Herr eben der preußische König. Und diesem gegenüber versuchte Joseph, seine Interessen durchzusetzen. Dabei halfen sicher sein einnehmendes Wesen, sein diplomatisches Geschick – und sein Einsatz. Der Wiener Kongress setzte die alten Rechte der Adeligen auch in den ehemals französischen Gebieten wieder in Kraft. Joseph war nun wieder Graf und Feudalherr. Doch auch diesmal strebte er nach mehr. Im April 1816 schrieb er in einem weiteren Brief an den König: »Gegenwärtig, wo ... mit der Vereinigung meiner Besitzungen unter Euer Königlichen Majestät beglückendem Zepter eine neue Epoche für mich beginnt, wünsche auch ich ..., den Fürstlichen Titel annehmen zu dürfen.«

Bis 1794 hatte die Familie zu Salm-Reifferscheidt-Dyck im Heiligen Römischen Reich Deutscher Nation zu den reichsunmittelbaren Adelsfamilien gehört, sie unterstand also direkt dem Kaiser und niemand anderem. Der preußische König Friedrich Wilhelm III. gestand Joseph im Mai 1816 nun »aus besonderer königlicher Gnade« wieder den Fürstenstand zu, verwehrte ihm allerdings die Anerkennung als reichsunmittelbarer Standesherr. Joseph zu Salm-Reifferscheidt-Dyck blieb auf Dauer preußischer Untertan, was ihn schmerzte.

Doch auch dem neuen Herrn gegenüber verhielt er sich loyal. Er stellte sich dem preußischen Militär zur Verfügung und stieg bei der Landwehr zum Bataillonskommandeur und zum Oberst auf. 1833 schrieb er Friedrich Wilhelm III. ergeben: »Vom ersten Augenblick an, wo diese Länder mit Preußen vereinigt wurden, habe ich Ew. Majestät meine Dienste unbedingt angeboten. Mit Stolz habe ich die preußische Uniform angelegt.«

Wieder zahlte sich seine Treue aus: Im Jahr 1826 berief der preußische König Joseph zu Salm-Reifferscheidt-Dyck als Vertreter des Ersten Standes in den Rheinischen Provinziallandtag, 1828 und 1830 wurde er zum stellvertretenden Landtagsmarschall ernannt, was einem heutigen Vizepräsidenten entspricht. Als im Februar 1847 erstmals alle Provinziallandtage zusammen als Vereinigter Landtag nach Berlin gerufen wurden und er auch dort zum stellvertretenden Marschall berufen wurde, dankte er dem König bewegt: »Den Beweis des allerhöchsten Vertrauens weiß ich umso höher zu würdigen …«

Blind folgte Joseph dem Monarchen jedoch nicht. Im Rheinischen Provinziallandtag vertrat er häufig liberale Ansichten, er zeigte Distanz zu den konservativen Kreisen der Ritterschaft und damit auch zu vielen Vorstellungen des Königs. Auch setzte er sich immer wieder dafür ein, dass die rheinische Rechtsordnung aus der französischen Zeit erhalten blieb; sie war bürgerfreundlicher als das preußische Recht und folgte den Grundsätzen der Gewaltenteilung. Dass er innerlich durchaus haderte mit dem Verlust seiner Stellung, mit der Tatsache, nun Untertan in Preußen zu sein, zeigt ein Bild in der Ahnengalerie auf Schloss

Dyck: Erst 1854, fast 40 Jahre nachdem der preußische König sein Herr geworden war, ließ sich Joseph zu Salm-Reifferscheidt-Dyck in der königlich preußischen Uniform porträtieren.

Sein Leben verlief genau auf dem Übergang zwischen traditioneller und moderner Gesellschaft, zwischen Stände- und Nationalstaat, zwischen ständischer und bürgerlicher Gesellschaft. Und entlang dieser Bruchlinie agierte der Fürst auch selbst: Einerseits gehorchte Joseph zu Salm-Reifferscheidt-Dyck der traditionellen Maxime des Adels, der zufolge der Rang der Familie und dessen Erhalt oder Erhöhung das wichtigste Ziel war und auch das persönliche Handeln leitete. Gleichzeitig jedoch akzeptierte er aufgeklärt und nüchtern, wie die Welt sich veränderte.

Nachdem seine Frau Constance 1845 gestorben war, gab der Fürst seine Aufenthalte in Paris auf. 1860 siedelte er nach Südfrankreich über, weil er sich vom milden Klima des Mittelmeers Linderung seines chronischen Katarrhs versprach. Er starb am 21. März 1861 in Nizza im Alter von 88 Jahren. Begraben wurde er selbstverständlich in der Familiengruft im St. Nikolauskloster bei Schloss Dyck.

Die Liebe zu den Pflanzen

Salmia, Reifferscheidia und Dyckia sind Pflanzengattungen, die im 19. Jahrhundert erstmals wissenschaftlich erfasst wurden – und zu Ehren des Fürsten zu Salm-Reifferscheidt-Dyck ihre Namen bekamen. Exotische Pflanzen zu sammeln, sie im Sommer in Ziergärten, im Winter in Orangerien zu präsentieren, war über Jahrhunderte Teil der Adelskultur und wurde an vielen Herrscherhäusern praktiziert. Fürst Josephs Leidenschaft ging jedoch weiter: Viele Pflanzenarten wurden von ihm erstmals beschrieben und bestimmt, er stand in regem Austausch mit allen wichtigen Botanikern seiner Zeit. In Dyck baute er eine Pflanzensammlung mit Tausenden Arten auf, seine Sammlung von Sukkulenten (dazu zählen unter anderem die Kakteen) war zu seiner Zeit die größte weltweit.

»Sie glauben, noch zu führen«

1856 analysierte der französische Publizist Alexis de Tocqueville die Geschichte der Französischen Revolution – und beschrieb die Missstände in der Aristokratie, die den Umsturz beschleunigten.

Mit ihren Forderungen nach »Freiheit, Gleichheit, Brüderlichkeit« richtete sich die Französische Revolution 1789 gegen die alten Vorrechte des Adels. Die anfangs gemäßigten Revolutionäre radikalisierten sich in der zweiten Phase der Revolution, bevor schließlich Napoleon Bonaparte sich 1804 zum Kaiser von Frankreich krönte und einen neuen Adel schuf, die »Noblesse impériale«.

In seinem Werk »Der Alte Staat und die Revolution« untersuchte der Publizist und Politiker Alexis de Tocqueville 1856 die Geschichte des Umsturzes und die Bedingungen, die dazu führten. Tocqueville stammte selbst aus einer alten normannischen Adelsfamilie, er beschrieb sich selbst als »Aristokrat aus Instinkt und Demokrat aus Vernunft«. Dennoch hielt er die Entwicklung vom aristokratischen, »alten«, zum neuen, »demokratischen« Zeitalter für unaufhaltbar. In seinem Werk kritisierte er die Fehler und Versäumnisse des Adels vor 1789, die schließlich zur Revolution führten.

»Der französische Adel hält sich hartnäckig von den anderen Klassen getrennt; die Edelleute lassen sich endlich von den meisten der öffentlichen Lasten befreien, die jene drücken; sie wähnen, ihre Größe behaupten zu können, indem sie sich diesen Lasten entziehen, und anfangs scheint dem auch so zu sein; bald aber scheint eine innere unsichtbare Krankheit ihre Stellung befallen zu haben, die sich allmählich verringert, ohne dass sie selbst von jemand angetastet werden; sie verarmen in dem Maße, wie ihre Vorrechte zunehmen. Der Bürgerstand dagegen, mit dem sich zu vermengen sie sich so sehr scheuten, bereichert sich und bildet sich neben ihnen, ohne sie und gegen sie; sie hatten die Bürger weder zu Verbündeten noch zu Mitbürgern haben wollen: Sie sollen in ihnen erst Nebenbuhler, bald Feinde und endlich Herren finden. Eine fremde Macht hat sie der Sorge überhoben, ihre Vasallen zu leiten, zu schützen, zu unterstützen; da diese Macht ihnen aber zu gleicher Zeit ihre pekuniären Rechte und ihre Standesprivilegien gelassen hat, glauben sie, nichts verloren zu haben; da sie noch immer vorangehen, glauben sie, noch zu führen, und allerdings sind sie von Menschen umgeben, die sie in notariellen Urkunden ihre Untertanen nennen; andere nennen sich ihre Vasallen, ihre Zinsbauern, ihre Pächter. In Wahrheit folgt ihnen niemand, sie sind allein, und wenn man endlich auftreten wird, um sie niederzuwerfen, wird ihnen nur die Flucht übrig bleiben ...

Zu allen Zeiten wird man staunen, wenn man die Trümmer dieses großen französischen Staatsgebäudes sieht, dem es beschieden zu sein schien, sich über ganz Europa zu erstrecken; diejenigen aber, die seine Geschichte aufmerksam lesen, werden seinen Fall leicht begreifen. Fast alle die Gebrechen, fast alle die Irrtümer und verderblichen Vorurteile, die ich geschildert habe, verdankten in der Tat sowohl ihr Entstehen als ihre Dauer und Entwicklung jener Kunst, welche die Mehrzahl unserer Könige besaß, nämlich die Menschen zu trennen, um sie desto unumschränkter zu beherrschen.«

Zitiert nach J. P. Mayer (Hg.): »Alexis de Tocqueville. Der alte Staat und die Revolution«, Bremen: Carl Schünemann Verlag, 1959.

»MEIN GANZES SCHICKSAL HAT SICH ENTSCHIEDEN«

Um 1800 war das Tagebuchschreiben groß in Mode. In ihren privaten Notizen oder in Briefen an Verwandte hielten auch adelige Frauen Details aus ihrem Leben fest. Sie geben Einblicke in den Alltag von damals.

Von Eva-Maria Schnurr

Wie lebten adelige Frauen um 1800? Wie sah ihr Alltag aus, wie das Familienleben? Und vor allem: Wie nahmen die Aristokratinnen ihr Leben wahr? Waren sie glücklich? Und waren sie sich ihrer privilegierten Stellung bewusst? In Tagebüchern oder Briefen notierten viele Frauen um diese Zeit Eindrücke und Begebenheiten aus ihrem Leben: private Details, intime Gedanken, präzise Beobachtungen ihrer Umgebung.

Freifrau Caroline von Lindenfels etwa, geboren als Caroline von Flotow 1774 in Arzberg in der Markgrafschaft Bayreuth. Ihr Vater war Leutnant im preußischen Regiment, ihr Ehemann Friedrich (»Fritz«) von Lindenfels ein entfernter Vetter. Die beiden bekamen zehn Kinder, bewirtschafteten verschiedene Güter und schließlich den Stammsitz der Familie Lindenfels in Thumsenreuth. Neben ihren Aufgaben als Gutsherrin – sie leitete die Bediensteten an und half auch beim Schlachten und Kerzenziehen – unterrichtete sie ihre Kinder, pflegte Kontakte zu Verwandten und anderen adeligen Familien und erfüllte ihre gesellschaftlichen Verpflichtungen. Seit ihrem 16. Lebensjahr führte Caroline – mit Unterbrechungen – Tagebuch, sie starb 1850.

Oder Maria Gräfin von Esterházy-Galantha-Forchtenstein: Sie wurde 1809 als Reichsgräfin Maria Plettenberg-Mietingen zu Nordkirchen geboren; da ihr Bruder gestorben war, wurde sie zur Alleinerbin des Familienbesitzes. Als Kind lebte sie im Westfälischen, als Jugendliche in Ungarn und Österreich. 1833 vermählte sie sich mit dem ungarischen Grafen Nikolaus (»Nicky«) Paul Esterházy von Galantha, Erbgraf zu Forchtenstein, der als Kämmerer und Reichsrat am kaiserlichen Hof in Wien tätig war. Mit ihm und den drei Söhnen (Paul, Maximilian, Nicolas) lebte sie in Nordkirchen und Wien vom Ertrag ihrer Güter, unter anderem in Württemberg. Die Palastdame der Kaiserin verfasste zwölf Tagebücher mit insgesamt 3308 Seiten, bevor sie 1861 starb.

Freifrau Gabriele von Bülow, Tochter des Botschafters und Staatsministers Wilhelm von Humboldt, wurde 1802 in Berlin geboren. 1821 heiratete sie den Sekretär ihres Vaters, Heinrich von Bülow aus altem mecklenburgischen Adel, der ebenfalls eine Diplomatenkarriere einschlug. Als Botschaftergattin lebte Bülow acht Jahre lang in London, wo sie enge Kontakte zum Hochadel und sogar ins Königshaus pflegte. Mit ihrem Mann, der nach der Rückkehr nach Berlin preußischer Außenminister wurde, aber schon 1846 starb, bekam sie sieben Kinder, als Witwe kümmerte sie sich um die Verwaltung der Güter ihrer Familie. In Briefen an ihren Mann und vor allem ihre Schwester Adelheid erzählte sie detailliert aus ihrem Leben, das 1887 endete.

Es sind drei Frauen mit drei unterschiedlichen Schicksalen und Biografien, aber sie alle schrieben ihr Leben und ihre Gedanken so nieder, dass sie heutigen Lesern ermöglichen, in die adelige Welt von damals einzutauchen.

Über die Liebe

»O! Gott! er liebt mich. Er liebt mich wirklich! Wie glücklich bin ich! Ein unaussprechlich süßes Gefühl durchdringt mein(e) Brust, ich möchte der ganzen Welt laut zurufen: Ich bin glücklich, denn Lindenfels liebt mich, ist mein! mein auf ewig! Ich hatte die Nacht ziemlich unruhig zugebracht, stand also bezeiten auf, kleidete mich an u. ginng mit Luisen ins Eßzimmer. Hier entdeckte ich ihr die Ursache meiner Unruhe u. wurde durch ihre Versicherung, daß ihr Bruder aus eigner, freier Wahl und ohne die geringste Überredung, blos mit Zustimmung seiner Eltern, um meine Hand gebeten hätte, sehr erheitert … Nach dem Frühstücke gingen wir in die Kirche … Nun kleidete ich mich an und ginng ins Zimmer der Frau v. Lindenfels, wo ich die übrigen Mädchens u. auch meinen Fritz fand. Es wurde Clavier gespielt, gesungen u. geplaudert, mir wurde dieß aber doch zulezt ein wenig lästig, weil ich in Fritzens Blick den Wunsch zu lesen glaubte, mich allein sprechen zu können. Endlich waren wir allein. Er faßte meine Hand, drückte sie sanft an seinen Mund u. fragte: ob ich ihm wohl ein wenig gut seyn könnte? Ich schwieg, blickte ihn an, eröthete u. schlug die Augen nieder, aber mein Händedruck u. das laute klopfen meines Herzens waren zu deutliche Verräther meiner Empfindungen, als daß er sie nicht hätte errathen sollen. Auch war es mein Wunsch nicht, sie ihm zu

verbergen, aber mein Herz war zu voll, meine Gefühle zu heftig, als daß ich sie hätte durch Worte ausdrücken können. Er schlang seinen Arm um mich, zog mich sanft an seine Brust, blickte mich zärtlich an u. drückte einen Kuß auf meine Wangen. So standen wir ein Weilchen. Ich war nicht vermögend, mehr als abgebrochne Worte zu sprechen, eine Feuerröthe überflog mein Gesicht, mein Herz schlug dem seinigen entgegen u. ich sank an seinen Busen. Endlich blickte er mich noch einmal an u. sagte: Darf ich sie nun meine liebe Caroline nennen? Ein Kuß war meine Antwort. Wir umarmten uns von neuem u. der Bund unsrer Herzen war geschloßen.«

CAROLINE VON LINDENFELS
über die erste Begegnung mit Friedrich von Lindenfels, nachdem sie in eine Ehe mit ihm eingewilligt hatte,
23. März 1796

»Es ist so entsetzlich unsinnlich daß ich in letzter Zeit gar nicht in mein Journal schrieb. Allein wir brachten den Morgen immer an tausend Geschäften und Besuchen zu – dann war Nicky viel hier, so daß ich auch zu nichts kam. Wir aßen immer bei Louis Karoly, einmal bei Steffy Karoly ... bei Esterhazy ... – Montag war ein großes Diner, eine Art von Verlobung – am Tage nach unserer Ankunft erhielt ich viele Geschenke ... am 20t schenkte Nicky mir ein sehr schönes Brautlet das mich sehr freute.«

MARIA GRÄFIN VON ESTERHÁZY-GALANTHA-F.
über ihre Verlobung, 18. Dezember 1832

»Seitdem ich Dir das letzte Mal schrieb, hat sich soviel zugetragen, mein ganzes künftiges Schicksal hat sich entschieden, ich bin versprochen, mit Bülow, ach, und bin so glücklich, so unaussprechlich glücklich. Du glaubst nicht, was es für ein lieber, guter, edler Mensch ist und wie ich an ihm mit so ganzer Seele hänge und ewig hängen werde ... Doch lieb hab' ich meinen Bülow seit dem ersten Augenblick, wo ich ihn sah, gehabt und im tiefsten Herzen gefühlt, daß nur er mich ganz glücklich machen könnte. Der Allmächtige weiß, wie ich ganz von Dankbarkeit durchdrungen bin, daß ich so ganz die Befriedigung aller meiner Wünsche gefunden habe.«

GABRIELE VON BÜLOW
an ihre Schwester, 5. November 1816

Über die Geburten ihrer Kinder

»Ruhig legte ich mich am 16ten zu Bette, aber ein heftiger Schmerz weckte mich am 17ten schon um 3 Uhr u. ließ mich auch nun nicht mehr ruhen. Ich glaubte immer, daß es sich wieder geben würde, statt dessen aber wurden die Schmerzen immer heftiger und anhaltender u. gegen 8 Uhr sah ich mich genöthigt, Weiber rufen zu laßen, um mir beyzustehen. Mein lieber Fritz schickte nach H. Doctor Greding u. verließ mich um keinen Augenblick mehr, bis alles vorbey war, welches mir, ob gleich er mir eigentlich nicht helfen konnte, denn doch eine grose Erleichterung verschafte u. meine Standhaftigkeit unterstüzte. ... Mein bester Mann zeigte mir durch seine ängstliche Sorgfalt u. seine Geduld, bey einem so unan-

genehmen Auftritt bey mir auszuhalten, wie sehr er mich liebt u. wie sehr ihm mein Wohl am Herzen liegt. Endlich, nach mancher peinlichen viertelstunde schenkte uns Gott um ¾ auf 2 ein gesundes, wohlgestaltetes Mädchen. Weg waren nun auf einmal alle Schmerzen! vergessen wie ein Traum!«

CAROLINE VON LINDENFELS
über die Geburt ihres ersten Kindes,
Juni 1797

»13t. früh ward ich etwas leidend, blieb aber den ganzen Tag auf bis 11 Uhr da legte ich mich zu Bette – um 3 Uhr früh am 14t. kam der Accoucheur (Geburtshelfer) – ich litt sehr heftig und auf ängstliche Weise bis ich um 11 Uhr Mittags Gottlob so glücklich als möglich mit einem Söhnchen niederkam der am 15t. durch Hugo Gallenberg getauft ward und in der H(eiligen) Taufe Maximilian Ernst genannt ward – ich konnte ihn selbst stillen was mich fast gar nicht leidend machte auch hatte ich Milch genug. Ich bekam von Mutter ein Zuckerwasser Service von Papa noch ein Kreuz u andere einzelne Steine … – Von Mama ein Diademe von Gold und Korallen … am 22t. stand ich zum ersten Mahle auf und fühlte mich Gottlob so wohl wie möglich.«

MARIA GRÄFIN VON
ESTERHÁZY-GALANTHA-F.
über die Niederkunft mit ihrem ersten Sohn,
Mai 1837

Über gesellschaftliche Verpflichtungen und das Leben in der Familie

»Ich bin 29 Jahre alt, und wurde um 7 Uhr durch den Musik Chor der 13t. Infanterie Reg. geweckt … 30 Musikanten standen auf unserm kleinen Entrée vor dem Schlafzimmer, eine hübsche Attention mehrerer Herrn … – ich fuhr um 12 Uhr zu Galen von wo mich die Kinder um 2 Uhr abholten – es waren während dieser Zeit viele Besuche gekommen – ich hatte 2 schöne Camelien Bouquets von Wilhelm Böselager bekommen, einen Ring von Paula S. ein Körbchen von Clärchen Herrmann – & Diner en téte á téte mit meinem geliebten Mann … Um 7 Uhr kamen sehr viele Leute wir waren 48 Personen – unsere Soirée war sehr hübsch und animirt …«

MARIA GRÄFIN VON
ESTERHÁZY-GALANTHA-F.
über ihren 29. Geburtstag,
22. März 1838

»Diesen Mittag aßen wir beym Onkel, wo noch eine grose Gesellschaft war, die aber leider! aus Personen bestand, die ich gar nicht kenne, oder aus solchen, die nicht mit mir übereinstimmen. Freilich war auch Frl. Caroline v. Schaumberg dabey, und dieß wäre mir schon genug gewesen, wenn wir hätten allein seyn können. Aber in einer so steifen, kalten Gesellschaft! wie hätten wir da mit der Herzlichkeit mit einander sprechen können, wie wir es sonst zu thun gewohnt sind! Wir begnügten uns also, uns anzusehn, u.

schwiegen die meiste Zeit oder sprachen von alltäglichen Sachen, u. daß mir dies unmöglich Vergnügen machen konnte, ist wohl sehr natürlich, da ich nichts mehr hasse als Zwang u. steifes Wesen u. dem ohngeachtet freundlich aussehen muss.«

CAROLINE VON LINDENFELS,
30. *März* 1794

»Visiten gemacht – Lange Besuche von Antonia K. u Pauline Schmiesing mit dieser herumgegangen – Diner bei Merveldts – dem Brautpaar zu Ehren – sonderbare Fügung, daß ich hier bin – zu Hause – zahlreiche Soirée hier über 60 Personen … Nicky sang sehr hübsch – mein lieber lieber Mann, ich kann nicht beschreiben wie glücklich er mich macht – er ist hier sehr beliebt, er ist aber auch unbeschreiblich freundlich und herzlich mit allen Leuten. Alles blieb sehr lange – …«

MARIA GRÄFIN VON
ESTERHÁZY-GALANTHA-F.,
27. *März* 1838

»Gegen Abend wanderten wir nach Hause, kamen daselbst aber sehr spät an, weil wir die Kinder tragen mußten, denn auch Mariane hatte sich in Rosenhof mit den Kindern der Hirschberg so herum getummelt, daß sie jetzt wenig Lust zum Laufen bezeigte.

Linchen trank während dem gehen u. schlief endlich an meiner Brust ein.«

CAROLINE VON LINDENFELS,
10. Juni 1801

»... So ist die Bibliothek aus einem traurigen verlassenen Raum allmählich unser Aller Lieblings Aufenthalt geworden – Jeder Abend vereinigt uns dort – wir kommen gegen ½ 7 Uhr dort zusammen und blieben bis zum Schlafengehen – Seitdem Herbste, sind neue Schränke in einem Raum angebracht – Fenster und Thüre haben Gardinen – Die Nebenstehende Zeichnung zeigt die Art, wie wir den Raum bewohnen – a sind 4 Schränke – b großer Tisch – c das Clavier – d ein Canapé – e Fauteuils – f Stühle – g ein Spieltisch – h der Gesellschafts-Tisch – i ein Schreibtisch – K mein Platz – L Nickys Platz – M Mäxchens Platz – N Nicolas Platz – O des Verwalters Morsbach unser täglicher Abend Gast – P der Engländerin Miss Georgina Barry (Englischlehrerin) – Q Lampen – R Thee Service – S Spanische Wand – T Spielsachen der Kinder – U Kindertisch – V Ofen.«

MARIA GRÄFIN VON
ESTERHÁZY-GALANTHA-F.,
25. Februar 1850

»Wenn man einmal sich ans Wohnen in verschiedenen Etagen gewöhnt hat, so sind die Komforts und Bequemlichkeiten eines solchen englischen Hauses groß, wie die der ganzen häuslichen Einrichtung … So folge ich also allen hiesigen Gebräuchen und werde dadurch heimisch in der Fremde, ohne darum der Heimath fremd oder noch viel weniger hochmüthig u. s. w. zu werden. Meine dereinigste, hoffentlich deutsche Dienerschaft soll sich, hoffe ich, künftig darüber nicht zu beschweren haben. Ich würde es hier ebensowenig wie dort unter meine Würde halten, ein menschlich Wort mit meinem Küchenmädchen … zu sprechen, aber ich muß es gut finden, daß ich keine Gelegenheit dazu habe dadurch, daß sie die oberen Regionen des Hauses nicht zu betreten hat.«

GABRIELE VON BÜLOW
aus London an ihre Schwester,
1. Juli 1830

»Wir brachten den Winter Gottdank recht froh, still und sehr heimlich hier zu! Im November verließen wir die Bibliothek und etablirten uns Abends im SüdSalon – Unsere TagesEintheilung ward verändert – Wir frühstückten um 9 Uhr – hatten um 12 Uhr unser Dejeuner á la Fourchette – um ½ 6 Uhr dinirten wir – dann gingen wir ins Billard Zimmer, wo der Abbe (Erzieher der Kinder) mit 4 spielte – es war recht animiert, um 7 Uhr hatte Nicolas bis 8 Uhr eine Violin Stunde mit König auf dem sogenannten Spielgange vor unseren Zimmern – Max und ich setzten bis ½ 8 Uhr die BillardParthie fort – dann las Max mir eine ½ Stunde abwechslnd Englisch, Deutsch, Französisch vor. … um 8 ¼ kam

der Thee, und unser täglicher AbendGast der Verwalter Morsbach. Die Post kam auch gegen 8 Uhr es wurde etwas Politik gelesen aber mehr noch geplaudert. … Zuweilen machten wir Abends eine kleine Lotterie.«

MARIA GRÄFIN VON
ESTERHÁZY-GALANTHA-F.
über ihren Tagesablauf im Winter,
22. März 1855

»Um fünf waren wir wieder zu Hause, die Herzogin nahm mich dann wieder in ihre Stube. Wir könnten noch ein Stündchen nähen, meinte sie. Daraus wurde aber eine kleine Schulstunde für mich. Ich bewunderte eine Stickerei in bunter Wolle, die sie zu einem Kleidchen für die kleine Prinzeß Viktoria soeben vollendet, gleich wollte sie sie mich lehren, und that das nicht allein, sondern gab mir gleich den ganzen Rest ihrer Arbeit nebst der Wolle u.s.w. mit, so daß ich die Kinder sehr beglücken werde mit der Hoffnung auf den Besitz gleicher Kleider wie Prinzeß Viktoria. Es ist eine gute Arbeit, aber ich will sie wirklich unternehmen, schon in Erinnerung an die Herzogin. Wenn sie nur keine Herzogin wäre! Das sage ich so oft, wenn mir in ihrem Umgang so wohl wird, den ich dann doch noch mehr genießen könnte. Und doch ist es wieder so erfreulich, daß sie als eine so Hochgestellte so ist, wie sie ist.«

GABRIELE VON BÜLOW
aus England an ihre Schwester,
5. April 1830

»Übrigens ist jezt der Unterricht der Kinder, so weit ich es vermag, meine Hauptbeschäftigung. Vormittags haben wir abwechselnd Geographie, Religion, Geschichte, Teutsch u. französisch lesen, auswendig lernen. Nachmittags schreiben, rechnen, um welches sich vorzüglich mein Mann annimmt, wenn er Zeit hat. Abends list Marianne etwas aus der Geschichte, der Erdbeschreibung pp vor, dann die beiden Kleinen abwechselnd aus einem nützlichen und unterhaltenden Buche, z. B. Campens Robinson pp.«

CAROLINE VON LINDENFELS,
29. Januar 1814

»Für heute muß ich Dich leider wieder verlassen, ich muß hinaufgehen, mir meine drei großen Töchter besehen, die zu einer kleinen Teaparty fahren, muß mein süßes Baby, ehe es schlafen geht, noch ein bißchen hätscheln, mein bißchen Mittagstoilette machen …«

GABRIELE VON BÜLOW
an ihre Schwester,
Juli 1833

Diplomatengattin: Gabriele von Bülow führte zeitweise eine Fernbeziehung mit einem Mann zwischen London und Berlin (Gemälde von Friedrich Wilhelm Herdt, 1826).

Über Feste und Empfänge

Der Herzog Adolf, Sohn des Großherzogs (von Mecklenburg) giebt eine Soiree, wie man behauptet, mir allein zu Ehren. Ich könnte ordentlich eitel werden, denn auch in Ludwigslust ist mir bei der Erbgroßherzogin dies Glück widerfahren – allein mich rührt es nicht. Von der Gesellschaft will ich Dir aber doch noch erzählen ... Die Erbgroßherzogin nahm mich unendlich freundlich auf, indessen war mir die erste halbe Stunde ganz peinlich zu Muthe, obgleich ich sehr gut zwischen ihr und der Prinzeß Marie saß, die recht angenehm ist, aber es war unbeschreiblich feierlich um den Theetisch, jedes Wort wurde abgemessen.

GABRIELE VON BÜLOW
aus Schwerin an ihre Schwester,
März 1821

»Eine grose glänzende Gesellschaft war heute in Reuth versammelt, um der Geburtstagsfeier der Frau v(on) R(eitzenstein) bey zu wohnen. Gegen Abend wurden wir in das Kegelhaus geführt, welches in eine Waldparthie verwandelt war. Einige reiche Fichtenbäume, die bis an die Decke ragten, um gaben die Wände, der Fußboden war mit Moos belegt, wie auch die Stühle u. Kanapee's; ein Eichhörnchen kletterte auf den Bäumen herum u. mehrere Vögel flatterten von Baum zu Baum. Auf der hintern Seite führten Stuffen zu einer mit Moos bedeckten u. mit kleinen Lampen beleuchteten Erhöhung, auf welcher die Kinder mit ihren Instrumenten standen ... So bald wir eingetreten waren, begann das Conzert, bey

welchem H. Dasch auf dem Forte Piano … accompagnirte. Das Ganze sah recht artig aus, die Kinder in ihren weisen Kleidern u. die Lichter auf dem dunkeln Grün machten einen angenehmen Eindruck. Von Zeit zu Zeit erschien auch ein zahmes Reh auf dem Berge, stieg die Stuffen herab u. wieder hienan u. verlor sich im Gebüsche. Als das Conzert geendigt war, stiegen die Kinder herab, führten die Gesellschaft den Berg hienan, auf der andern Seite wieder hinunter u. in die lange Kegelbahn, an deren Ende ein schön beleuchteter Altar stand, auf welchem die Geburtstags Geschenke der Kinder lagen, aus Zeichnungen u. kleinen Arbeiten bestehend. H. Dasch war abermals der Erfinder dieses kleinen Schauspiels, bei dem alle gern länger verweilt hätten, wenn nicht die Feuchtigkeit des Bodens sie genöthigt hätte, weg zu gehen.«

CAROLINE VON LINDENFELS,
8. Oktober 1815

»Wir leben jetzt hier leider schon in Saus und Braus, vorgestern Soiree bei der Ducheß of Conizzaro, gestern Diner bei uns und Soiree bei Esterhazys, morgen desgleichen bei Lievens, vorher Kinderball bei Münsters. Und einmal muß ich doch auch der Einladung der alten Lady Salisbury folgen, und das Alles ist nur ein Vorgeschmack der Season, es heißt wir würden acht Drawingrooms und vier Hofbälle haben, das ist wirklich runinös. Auf die meisten muß ich doch und kann doch nicht immer aussehen, als hätte ich im Keller gesesen. Mein Pariser silberner Anzug ist zum Glück noch ganz neu und trotz des Londoner Kohlenstaubes ganz vortrefflich erhalten und wirklich außerordentlich schön. Mein Berliner

Goldkleid ist aber ganz unbrauchbar. Die rothe Sammetrobe wird dagegen noch sehr gute Dienste leisten. Du glaubst nicht, wie unangenehm und langweilig mir alle diese Toiletteangelegenheiten sind.«

GABRIELE VON BÜLOW
aus London an ihre Schwester,
Februar 1830

»Nach Tische kleidete ich mich an und um 7 Uhr fuhren wir aufs Schloß. … Wir traten in den Tanzsaal, alles wimmelte von Menschen in den schönsten Kleidern … Wir bekamen, wie ich mir schon vermuthet hatte, sehr wenig zu tanzen, ich tanzte 3 Englische, einen mit dem Regierungsrath Wipprecht, einen mit dem Leutnant von Lindenfels und den letzten mit dem Obrist von Meyern, dann drey Deutsche … Um halb 11 gab der Herr Minister ein Zeichen, die Musick verstummte, die Thüren des einen Zimmers öfneten sich, der Herr Minister führte die alte Frau von Seckendorf hinein und alles folgte zur Tafel. Das Zimmer wo servirt ward, war sehr geschmackvoll verziehrt, die Tapeten waren roth und auf 3 Seiten des Zimmers waren Amphitheaters mit weisen Tüchern überzogen und mit Festons von Blumen behangen, worauf der Nachtisch, die Pasteten, Torten und dergl. rangiert waren. … In beyden folgenden Zimmerns waren rund herum kleine Tafeln zu 6 Persohnen. Jedes sezte sich, wo es Platz fand, der Herr Minister und seine Frau Gemahlin ordneten selbst alles an, ginngen an jede Tafel und munterten die Gäste zum Speisen auf. Kurz, alles war fröhlich und überall herschte Ueberfluß und

die größte Ordnung. … Nach Tische wurde wieder getanzt und wir fuhren um 3 Uhr nach Hause.«

CAROLINE VON LINDENFELS
über den Ball des Ministers von Hardenberg
am Geburtstag des preußischen Königs,
25. September 1791

»Vorgestern am 8t July fuhr ich mit Nikolas nach Schönbrunn, wir stellten uns an der Rampe auf mit vielen … – Die Treppe waren mit Teppichen belegt – die Kaiserliche Familie stand erwartungsvoll in den Fenstern und auf der Treppe. Um 7 Uhr kam der liebe König von Preußen an – mit ihm der Kaiser, welcher ihm bis Gänserndorf entgegen gefahren war – … ich stand 2 Schritte vom Wagen konnte alles sehen – oben standen die schöne liebliche Kaiserin, die Erzherzogin Sophie – beide umarmten den König, küßte ihnen die Hände – der Empfang war unbeschreiblich herzlich verwandtschaftlich & sehnsuchtsvoll – es freute mich sehr – dies Alles so gut gesehen zu haben!«

MARIA GRÄFIN VON
ESTERHÁZY-GALANTHA-F.
über ihre Teilnahme beim Empfang des
Preußenkönigs in Wien,
10. Juli 1857

»Bei Tisch erhielten wir eine sehr komische Einladung zu einer Bauernhochzeit. ... Die Braut ein recht hübsches Mädchen von 14 Jahren, und ihr Bräutigam 16 Jahr alt. Die erstere war in einem kleinen Stübchen eingesperrt, und blieb so lange darin bis nach langem Streiten der Brautführer die Braut ihrem Bräutigam verkauft hatte. Darauf tanzten die Bauern nach Herzenslust, bis man die Braut nach der ihre künftigen Wohnung brachte, wo dann das Tanzen von neuem erging. Mutter und die Kinder gingen nach Hause u. Maria Kathrin u. ich zu dem Kirchenvater dessen Sohn am Morgen geheirathet hatte. Man führte uns in ein kleines Zimmer wo wir sehr viel Wein trinken und Kolatschen (Mehlspeisen) essen mussten. Das Brautpaar war auch dort in diesem Zimmer. Eine halbe Stunde blieben wir in diesem kleinen Zimmer, darauf gingen wir in ein größeres, wo viele Bauern waren, und wo getanzt wurde. Der Raum zum Tanzen war entsetzlich klein, ich tanzte einige ungarische mit Bauern und einen deutschen. Um 9 Uhr war ein großes Souper, wir aßen an einem Ende des Tisches und neben mir der Bräutigam und die Braut. Diese mussten aus einem Teller essen und der Bräutigam seinen großen Huth aufbehalten. Zum Ende des Festes kamen warme Kolatschen von welcher jeder der Gäste ein Stück mit nach Hause nehmen musste. Ich ging erst um 11 Uhr zu Hause.«

MARIA GRÄFIN VON
ESTERHÁZY-GALANTHA-F.
über die Einladung bei Untertanen,
20. November 1825

Reflexion über die eigene Rolle

»Wir haben freilich … schon sehr viel an Rechten, Vortheilen u. Einnahme verlohren, allein man kann sehr viel entbehren, ohne von seiner Zufriedenheit zu verliehren, u. ich würde gewiß nicht mit meiner Mutter oder Grosmutter tauschen, ohngeachtet ich manche Bequemlichkeit enbehre, die sie haben konnte, u. mich überhaupt weit mehr einschränken muß. … Meine Kinder werden wahrscheinlich sich noch mehr einschränken müßen als wir, aber ich hoffe, sie werden des wegen eben so zufrieden seyn können, denn sie sind an wenig Bedürfniße gewöhnt u. dieß, glaube ich, ist nebst einem gesunden Körper u. so viel möglich, gesunden Seele, das beste, was Eltern den Kindern mitgeben können.«

CAROLINE VON LINDENFELS,
7. Dezember 1808

»Es ist hier übrigens leicht, geliebt zu werden von der Dienerschaft, die so gewohnt ist, wie Maschinen behandelt zu werden, daß die geringste Aeußerung und Bezeugung, daß man sie nicht für solche hält, in ihnen unendliche Freude und Dankbarkeit erregt.«

GABRIELE VON BÜLOW
an ihre Schwester,
1. Juli 1830

»Der Kinder wegen dürfen wir nicht wie bisher in London fortleben, wenn Deine finanziellen Verhältnisse sich nicht bessern. Es ist bisher das Mögliche für ihren Unterricht dort geschehen, aber es muß mit jedem Jahre und für jedes Kind mehr geschehen. Hierin dürfen wir keine Ausgabe vermeiden, aber Einschränkungen anderer Art zu machen, ist leichter gesagt, als getan ... Die Kinder haben jetzt sehr guten Unterricht und fast zu viele Stunden. Aber das macht mir oft ein recht peinliches Gefühl, daß ich so wenig oder vielmehr gar nicht die Gabe der Erziehung besitze. Dieses Mangels bin ich mir nur zu deutlich bewußt, und doch, das weiß der Himmel, liegt mir nichts mehr am Herzen als die lieben, lieben Kinder zum Besten zu leiten. Sie machen viele Fortschritte und wenn sie deutsch sprechen, sagen sie ›Mutter‹, was einen ganz eigenen Zauber für mich hat.«

GABRIELE VON BÜLOW
aus Berlin an ihren Mann,
8. Februar 1834

»In Ungarn geht alles schnurstraks der Republik entgegen. Ich bin überzeugt, daß wenn nicht eine große Reaction erfolgt, so wird Kossuth u Batthiany (Köpfe der Revolutionäre und Reformer) nicht ruhen bis die entfernten Adligen Steuer zahlen und die Güter der nicht rückkehrenden als Emigranten Güter sequestriert (beschlagnahmt) und verkauft werden – Gott gebe daß ich mich täusche – jezt sehe ich in Ungarn den gänzlichen Verlust allen Besitzes; in Westfalen und Würtemberg den Verlust aller bäuerlichen Renten &

entgegen also eigentlich unserer Armuth! In der Welt sieht überhaupt ganz toll her – Gott wolle helfen.«

MARIA GRÄFIN VON ESTERHÁZY-GALANTHA-F. *über die Revolution von 1848 in Deutschland und Ungarn, 24. März 1848*

Quellen

BRITTA SPIES: *Das Tagebuch der Caroline von Lindenfels geb. von Flotow (1774 bis 1850). Leben und Erleben einer oberfränkischen Adeligen am Ende der ständischen Gesellschaft*, Münster: Waxmann Verlag, 2009.

SHEILA PATEL: *Adeliges Familienleben, weibliche Schreibpraxis. Die Tagebücher der Maria Esterházy-Galántha (1809 bis 1861)*, Frankfurt am Main: Campus Verlag, 2015.

ANNA VON SYDOW: *Gabriele von Bülow. Tochter Wilhelm von Humboldts. Ein Lebensbild aus den Familienpapieren Wilhelm von Humboldts und seiner Kinder 1791 bis 1887*, Berlin: E. S. Mittler & Sohn, 1918.

Schnelles Wissen

Woher stammt der Ausdruck »Adel verpflichtet«?

Es ist einem cineastisch interessierten Publikum nahezu unmöglich, bei dem Sprichwort »Adel verpflichtet« nicht an den wandlungsfähigen Alec Guinness zu denken, der in dieser schwarzen Komödie aus dem Jahr 1949 gleich acht Rollen spielte. Der Filmtitel hat aber einen älteren Ursprung, denn es ist die Übersetzung des französischen Sprichworts »noblesse oblige«. Das findet sich 1808 in den »Maximen und Reflexionen« von Pierre Marc Gaston Duc de Lévis, später auch in in Honoré de Balzacs Roman »Le Lys dans la Vallée«. Es handelt sich um einen Spruch aus der Zeit nach der Französischen Revolution, als der Adel sich herausgefordert sah und durch solchen Verweis auf die moralische und tugendhafte Implikation des Standes eine Rechtfertigung versuchte. Vor der Revolution war Adel einfach von Gott gegeben, aber in einer zunehmend aufgeklärten und säkularen Gesellschaft wurden Fragen und Ansprüche laut, die mit dieser Formel teils abgewehrt, teils verstärkt wurden. Der Schriftsteller Valery Larbaud erkannte in dem Ausdruck eine tiefe Wahrheit über den französischen Adel: »Der verpflichtet andere und macht selbst nichts.«

»UNTER GAR KEINEN UMSTÄNDEN WASCHEN«

Im 18. Jahrhundert leisteten sich englische Adelige Schmuckeremiten – »edle Wilde« – zur Zierde ihrer Parkanlagen. Was klingt wie der Gipfel britischer Exzentrik, hatte einen tieferen Sinn.

Von Patrick Spät

Der englische Landadelige Charles Hamilton suchte 1763 für seinen Painshill Park das ultimative Gimmick. Der 80 Hektar große Landschaftsgarten südwestlich von London war einer der ersten seiner Art und avancierte schnell zum Vorbild für viele Anlagen in Europa: Ein künstlicher See, neogotische Zierbauten und prachtvolle Bäume machten den Park zum »begehbaren Landschaftsgemälde«.

Doch der Eremitage fehlte für den Geschmack ihres Besitzers der letzte Farbtupfer. Kurzerhand veröffentlichte Hamilton eine Zeitungsannonce und bot 700 Pfund für jenen, der bereit war, »sieben Jahre in der Eremitage zu bleiben, wo er versorgt wird mit einer Bibel, einer Brille, einer Fußmatte, einem Strohsack als Kissen, einer Sanduhr als Zeitmesser, Trinkwasser und Essen aus dem Haus. Er muss ein wollenes Gewand tragen und darf sich unter gar keinen Umständen die Haare, den Bart oder die Nägel schneiden. Er darf nicht jenseits der Parkgrenzen herumstreunen oder auch nur ein Wort mit dem Diener wechseln.«

Kost und Logis waren frei, doch die 700 Pfund sollten erst nach Vertragserfüllung gezahlt werden. Die hohe Summe lockte: Hamilton fand einen gewissen Mister Remington, der ins eigens gebaute Baumhaus einziehen wollte. Doch nach nur drei Wochen wurde Remington gefeuert, nachdem man ihn beim Biertrinken im örtlichen Pub und obendrein beim Techtelmechtel mit der Milchmagd erwischt hatte.

So kurios das Zeitungsinserat klingen mag: Von Exzentrik, Prunk- und Geltungssucht getrieben, heuerte der englische Adel während der georgianischen Epoche von 1714 bis 1830 tatsächlich sogenannte Schmuckeremiten (»ornamental hermits«) an. Inspiriert von der Philosophie Jean-Jacques Rousseaus und Erzählungen wie Daniel Defoes »Robinson Crusoe« (1719), wünschten sich viele Parkbesitzer einen »edlen Wilden« mit verzotteltem Bart, wallendem Haar und abgerissenen Klamotten, der durch ihr begehbares Gesamtkunstwerk lustwandelte.

Die Annoncen dieser Zeit ähnelten sich. So suchte 1797 auch der exzentrische Bankierssohn Joseph Pocklington einen Schmuckeremiten für sieben Jahre, »während derer er mit niemandem reden und sich unter gar keinen Umständen waschen darf«. Seine Haare und Nägel sollen »so lange wachsen, wie es die Natur ihnen erlaube«. Doch nicht nur die Oberschicht inserierte, auch die potenziellen Dekorationseinsiedler boten ihre Dienste an. Am 11. Januar 1810 erschien beispielsweise in der Zeitung »The Courier« folgende Anzeige: »Ein junger Mann, der sich aus der Welt zurückziehen und als Eremit an einem angenehmen Plätzchen in England leben möchte, ist bereit, sich von jedwedem Ehrenmann anheuern zu lassen, der einen Eremiten begehrt.«

Die englischen Landschaftsgärten entstanden damals als Gegenpol zu den verschmutzten und lebensfeindlichen Städten der industriellen Revolution. Als Ideal galt nun die befreite und dennoch beherrschbare Natur. Fast jeder Park hatte eine Eremitage, einen verwunschenen Rückzugsort in Form einer einfachen Grotte oder Hütte, wo man entspannen und nachdenken konnte. Die ersten Eremitagen waren als Stillleben komponiert: Sie sollten so aussehen, als ob dort jemand hauste. Erst später gingen einige Adelige dazu über, nach Bewohnern zu suchen.

Denn echten Eremiten konnte man in England zu dieser Zeit kaum noch begegnen: Im Jahr 1534 hatte sich die anglikanische Kirche von Rom losgelöst, woraufhin die katholischen Mönche ihre Orden und Klöster verließen, die nunmehr zerstört, für weltliche Zwecke verwendet oder schlicht dem Verfall überlassen wurden. Doch schon bald wieder sehnten sich viele Menschen nach asketisch lebenden Einsiedlermönchen und romantisierten die mit Efeu umrankten Klosterruinen – auch die Parkbesitzer wollten dieses Verlangen stillen.

Deshalb veranstalteten manche Fürsten Rollenspiele, bei denen sie sich als Eremiten verkleideten und durch ihre Gärten lustwandelten, um dann zum Abendessen wieder das Schloss aufzusuchen. Europaweit bekannt waren die Rollenspiele des Markgrafen Georg Wilhelm und seines Hofstaats in der 1715 erbauten Eremitage zu Bayreuth. Ähnliche Spiele sollen Herzog Carl August und Johann Wolfgang von Goethe im Borkenhäuschen des Weimarer Ilmparks inszeniert haben.

Die Befindlichkeiten der Oberschicht haben das Bild der Parks entscheidend geprägt. »Die ›Grand Tour‹, also die Bildungsreise, war für Adelige damals fast obligatorisch. Zurück in der Heimat, versuchten sie, in ihren Gärten die ganze Welt abzubilden«, erklärt Antonio Lucci, Kulturwissenschaftler an der Berliner Humboldt-Universität. »Deshalb findet man dort chinesische Pavillons, türkische Zelte, griechische Statuen, nordamerikanische Nadelhölzer und sogar norwegische Rentiere. Die Schmuckeremiten vervollständigen dieses akribisch geplante Ensemble.«

Im April 1830 berichtete das »Blackwood's Edinburgh Magazine« von einem barfüßigen Eremiten, der diese Tätigkeit 14 Jahre lang bei Sir Richard Hill in der Grafschaft Shropshire ausgeübt haben soll und dabei »in einer Höhle saß, die sich auf dem Grundstück des ehrenwerten Adligen befand. Er hielt, von Sonnenaufgang bis Sonnenuntergang, eine Sanduhr in der Hand und trug einen Bart, der zuvor einer alten Ziege gehörte hatte«. Dabei war es ihm verboten, Geld von Besuchern anzunehmen.

Die englischen Parks waren der breiten Öffentlichkeit zwar zugänglich, wurden allerdings »nur dann für Besucher geöffnet, wenn der Parkbesitzer persönlich vor Ort war. Man wollte seine Macht zur Schau stellen«, sagt Antonio Lucci. »Und schon das Wort ›Schmuckeremit‹ zeigt, dass es sich um etwas Wertvolles handelt, mit dem man sich selbst verzieren möchte.« Der Andrang auf die Eremiten war dermaßen groß, dass Richard Hill sogar einen Pub eröffnete, um die Besuchermassen zu versorgen. Ein zeitgenössischer Besucher schilderte die Szenerie in Hills Hawkstone Park so: »Man zieht an der Türglocke und bittet um Einlass. Der Eremit befindet sich für gewöhnlich in einer sitzenden Haltung, vor ihm ein Tisch, auf dem sich ein Totenschädel, eine Sanduhr, ein Buch und eine Brille befinden.«

Neben Bildung (Buch, Brille) und Vergänglichkeit (Schädel, Sanduhr) ist Melancholie ein zentrales Motiv der Schmuckeremiten. Die »positive Traurigkeit« war bei den Gutbetuchten durchaus angesagt, denn nach damaligem Verständnis zeugte sie von charakterlicher Tiefe. Der britische Historiker Gordon Campbell hat mit »The Hermit in the Garden. From Imperial Rome to Ornamental Gnome« das bislang umfassendste Buch zum Thema verfasst. Er beschreibt die Parkbesitzer als »viel beschäftigte CEOs, die sich dazu entschieden haben, die besinnliche Seite ihrer Persönlichkeit outzusourcen«.

Der Trend, sich einen Schmuckeremiten zu leisten, fand um 1760 seinen Höhepunkt. Nachdem England 1833 den »Slavery Abolition Act« verabschiedet und alle Sklaven im britischen Kolonialreich zu freien Menschen erklärt hatte, galt auch die Anstellung eines Schmuckeremiten zunehmend als anrüchig. Viele Parkbesitzer, die keinen Einsiedler haben wollten oder sich keinen leisten konnten, gingen dazu über, stattdessen steinerne Statuen oder hölzerne Puppen in der Eremitage zu platzieren. Bei manchen handelte es sich um ausgeklügelte Automaten, die in ihren Bewegungen einen lesenden oder trinkenden Eremiten imitierten.

Auch Richard Hill stieg in seinem Park in der Grafschaft Shropshire schließlich auf einen künstlichen Eremiten um. Doch an die Faszination der echten falschen Eremiten kamen die Puppen nicht heran. Der Adlige Sir Richard Colt Hoare, selbst Besitzer und Gestalter eines prächtigen Parks, war bei seinem Besuch in Hills Park not amused: »Das Gesicht ist kreatürlich genug, aber die Figur wirkt steif und unförmig.«

AUFSTIEG VERWEHRT

Im Kaiserreich galt die Verleihung eines Adelsprädikats als Ausweis gesellschaftlichen Erfolgs. Doch jüdische Familien wurden nur selten nobilitiert. Warum?

Von Nils Minkmar

Das faszinierende Thema der in den Adelsstand erhobenen Juden erweist sich als geschichtswissenschaftliches Kaleidoskop – je nach Situation, Stand der Sonne und betrachtetem Ausschnitt vermag jede und jeder etwas anderes darin zu erkennen. Der erste Überraschungseffekt stellt sich schon gleich bei der Frage nach jüdischem Adel ein, denn die Welt des Adels und jene der Juden erscheinen weit voneinander entfernt. Konservative Adelsfamilien betonten gern ihre christliche Genealogie und spezifische Autonomie. Soziale Mobilität, Offenheit für andere Religionen und Kulturen sind in diesen Kreisen nicht von großem Wert, alles dreht sich um Tradition und Kontinuität.

Zwei Wege führten in den Adel: einmal der Militärdienst oder die Organisation militärischer Dienstleistungen – diese

Option war Juden traditionell verwehrt, sie konnten kein Offizierspatent erwerben, solche Titel nicht erben oder dazu berufen werden. Der andere Weg war der Besitz von Grund und Boden – Herrschaft ging mit einem Adelsprädikat einher. Man konnte erben, einheiraten oder wurde vom Monarchen mit Land und Titel bedacht. Nicht so die Juden in der vormodernen Gesellschaft.

Das Thema nobilitierter Juden fällt in eine Phase des historischen Übergangs zwischen traditioneller und moderner Gesellschaft, in eine Zeit, in der es möglich war, den Adel auch für Personen jüdischer Herkunft zu öffnen, und überhaupt noch der Wunsch danach bestand. Auch das ist erst einmal erstaunlich, assoziiert man den Vorgang der »Judenemanzipation«, die Anerkennung als gleichberechtigte Staatsbürger, gemeinhin nicht mit einer Reform der Ständegesellschaft, sondern im Gegenteil mit ihrer gänzlichen Abschaffung.

Ein zentrales Ereignis in der neuzeitlichen Geschichte der europäischen Juden ist mit der Französischen Revolution von 1789 verknüpft: Den französischen Juden wurden 1791 die vollen staatsbürgerlichen Rechte zugesprochen. Jahrhundertelang hatten Sonderstatuten ihr Leben geregelt, wurden sie in mal zu-, mal abnehmender Toleranz drangsaliert. All das änderte sich über Nacht.

Man konnte nun Jude und Citoyen, Staatsbürger, sein, mit allen Rechten und Pflichten wie insbesondere der Möglichkeit, eine Beamtenkarriere oder die Offizierslaufbahn einzuschlagen. Militärdienst wurde national definiert, die Armee galt als Schule der Nation, in der das Leistungsprinzip galt. Höchste militärische Ehren wurden nun durch Tüchtigkeit und Tapferkeit verdient. Somit öffnete sich einer der Wege in den Adel genau in dem historischen Moment, in dem der Adel insgesamt für überflüssig erklärt wurde. Diese Entwicklung hatte auch ihren Preis, denn die Nation wollte keine andere Nation im Inneren dulden, viele jüdische Bräuche und ihre eigene Gerichtsbarkeit gingen verloren. Dennoch machten sich in den folgenden Jahrzehnten ambitionierte jüdische Familien aus vielen Ländern Ost- und Mitteleuropas auf nach Paris, wo ein Neubeginn möglich war.

Doch die Revolution wurde keineswegs überall begeistert aufgenommen, auch nicht in Frankreich selbst. In vielen katholischen Kreisen, in weiten Teilen des Adels und in ländlichen Gebieten sah man den Umsturz als Übel, das eine gottlose Pöbelherrschaft heraufbeschworen hatte. Errungenschaften wie die Erklärung der Menschen- und Bürgerrechte und die Emanzipation der Juden galten reaktionären Kreisen in ganz Europa als Symbole der vermeintlich schlechten neuen Zeit.

Und obwohl die Revolution zunächst das Ende der adeligen Sonderstellung bedeutet hatte, feierte sie schon bald eine Wiederauferstehung. Napoleon und später die Restauration machten sich an eine Wiederbelebung des Adels zur Herrschaftssicherung und zur Abwehr der Revolution, aber nicht zuletzt auch, um über ein meritokratisches Instrument zu verfügen. Wer in den Adelsstand erhoben wurde, dokumentierte dadurch eine besondere Nähe zu den herrschenden Fürsten und seine Zugehörigkeit zu höchsten Kreisen.

Für das Phänomen der nobilitierten Juden ergibt sich daraus eine zwiespältige Wahrnehmung: Einerseits ist die akzeptierte, sozial integrierte Position, von der eine Erhebung in den Adelsstand kündet, ein Symbol für gesellschaftlichen Fortschritt, Offenheit und Toleranz. Andererseits stehen die Fürstenhäuser, die diese Nobilitierungen vornahmen, eigentlich nicht für diese Entwicklungen, sondern mitunter für das genaue Gegenteil.

Manche Fälle sind eindeutig: Die Erhebung von Nathaniel de Rothschild in den Adelsstand, der 1885 zum ersten Lord jüdischen Glaubens wurde, galt nicht nur den britischen Juden als rundum positives Signal. Ganz anders verhält es sich in Preußen. Die Bewertung der dortigen Ereignisse ist kaum vom Wissen um die weitere geschichtliche Entwicklung zu trennen: dem durch die traditionellen preußischen Eliten beförderten Aufstieg des Nationalsozialismus, dem eliminatorischen Antisemitismus und schließlich der Schoah.

Den Ton gab der große Historiker Fritz Stern vor. In seinem meisterlichen Buch »Gold und Eisen«, einer Doppelbiografie von Otto von Bismarck und dessen Vertrauten Gerson von Bleichröder, schildert er den Bankier jüdischer Herkunft als, so eine Kapitelüberschrift, »Jude als patriotischer Parvenü«: Bleichröder sei hungrig nach Titeln gewesen, strebte nach völliger Assimilation. Dieses kritische Bild des Strebens nach sozialer Anerkennung durch Nobilitierung im Kaiserreich, das Stern hier zeichnete, überzeugte Leser und Historiker so sehr, dass der spezifische historische Kontext darüber in den Hintergrund geriet: Bleichröder war keine Ausnahme, sondern agierte völlig im Einklang mit seinem Milieu und seiner Epoche.

Der Gang auch der preußischen Geschichte war nicht festgeschrieben, moderne und reaktionäre Elemente mischten sich. Eine Republik, in der Adel keine Rolle spielt, der Glaube Privatsache ist und die Funktionseliten nach Kriterien von Leistung und Tüchtigkeit gebildet werden, scheint uns heute selbstverständlich – damals aber war sie eine radikale Utopie, an die kaum jemand glaubte und die überdies auch kaum jemand wünschte.

In seinem Buch »Der Kaiser« aus dem Jahre 1919 schildert Walther Rathenau eine Szene in einem Bahnabteil, die er

Diplomat: Der Nahostexperte Max von Oppenheim (3. v. l.) posiert mit dem deutschen Botschafter Johann Heinrich von Bernstorff (mit Mantel) 1906 vor der Gesandtschaft in Kairo.

1909 datiert. Dort hätten sich einige Großindustrielle so über den Kaiser echauffiert, dass sie einer Verfassungsänderung das Wort redeten, um die Macht des Monarchen zu beschränken. Die Idee einer Petition wurde besprochen, einer Unterschriftenliste, die diesem Wunsch in der Öffentlichkeit Nachdruck verleihen sollte. Doch Rathenau, so jedenfalls seine Darstellung, antwortete ihnen: »Sie irren. Keiner würde unterschreiben. Die Aussicht auf das Herrenhaus und den Adel wäre zu Ende. Die Karriere des Sohnes erledigt, der Verkehr mit Hof und Würdenträgern abgeschnitten.«

Diese interessengeleitete Nähe auch des preußischen Bürgertums zu Monarchie und Adel wurde in der Diskussion um den

»Deutschen Sonderweg« – die Frage, ob eine mangelhaft ausgebildete bürgerlich-liberale Tradition im Deutschen Reich den Nationalsozialismus begünstigte – zum belastenden Argument: Das Bürgertum in Preußen sei eben nicht bürgerlich genug gewesen, sondern habe sich zu sehr an Adel und Militär orientiert.

Doch mit der Zeit trat eine andere Betrachtung in den Vordergrund. Nun, verstärkt in den Jahren nach der deutschen Wiedervereinigung, suchten Historiker, wo sich gewissermaßen Reservate des Bürgersinns auch in Preußen ausfindig machen ließen. Als solche galten zunehmend jene großbürgerlichen, vermögenden Juden, die, im Unterschied zu Bleichröder, nicht nobilitiert wurden. Aus dem Umstand der nicht erfolgten Adelserhebung wurde also ein kühner Schluss gezogen. Dieses Vorgehen erinnert an den berühmten Fall, in dem Sherlock Holmes den Täter überführt, indem er untersucht, warum ein Hund nicht gebellt hat.

So wurde aus dem Komplex der geadelten preußischen Juden ein ganz besonderes, mitunter auch kurioses Thema der Geschichtswissenschaft. Der Historiker Kai Drewes hat sich in seiner Studie »Jüdischer Adel. Nobilitierungen von Juden im Europa des 19. Jahrhunderts« mit den mannigfaltigen Deutungen dieses Themas beschäftigt. Ausgangspunkt seiner Betrachtung sind zwei seltsam umfassende, dann auch wieder bloß angedeutete Befunde wichtiger deutscher Historiker, der erste von Thomas Nipperdey. Der hatte geurteilt: »Die jüdische Großbourgeoisie und die Mehrheit der jüdischen Millionäre waren besonders assimiliert. Sie waren zwar weniger ›feudalisiert‹ als ihre nicht jüdischen Klassengenossen. Ballin, Fürstenberg und die Berliner Zeitungszaren zum Beispiel lehnten die Nobilitierung ab, andere waren freilich für das Adelsprädikat empfänglich.«

Einige Jahre später schrieb der Bielefelder Geschichtsforscher Hans-Ulrich Wehler: »Gar nicht so selten wurde sogar die angebotene Erhebung in den Adelsrang von millionenschweren deutschen Unternehmern selbstbewusst abgelehnt: von Carl Fürstenberg und von Max Warburg etwa, auch von Albert Ballin, Emil Kirdorf, August Scherl und anderen.«

Doch, so stellt Drewes in seiner 2013 erschienenen Arbeit fest: Für die Ablehnung des Adelsprädikats gibt es keinen Beleg. Trocken bemerkt er: »Wilhelminische Juden, die eine Nobilitierung ablehnten, obwohl sie sogar angeboten worden war, gab es nicht. Vielmehr überstieg die Nachfrage nach Adelstiteln bei Weitem das Angebot.«

Die preußische Monarchie war mit Nobilitierungen sehr zurückhaltend und schloss sie für nicht konvertierte Juden ganz aus. Diese nüchterne historische Realität erklärt die geringe Zahl geadelter Juden in Preußen. Demgegenüber entfaltet die These vom selbstbewussten jüdischen Großbürgertum, das nicht geadelt werden wollte, sehr viel mehr Charme: Hier könnte das Vorbild für eine moderne, tolerante Bürgergesellschaft liegen, eine Tradition, an die sich anknüpfen lässt, während man zugleich über die alten Zöpfe des Wilhelminismus spottet. Denn das ist ein nicht zu vernachlässigender Begleiteffekt dieses Bildes: Ein Kaiser, der es nicht vermag, Leute in den Adelsstand zu erheben, weil die gar nicht wollen, wirkt schon ziemlich armselig.

2003 fasste der Schriftsteller Sten Nadolny in seinem »Ullsteinroman« über das Leben des Verlegers Franz Ullstein das Bild von der Adelsverweigerung noch einmal eindrücklich zusammen: »Franz sollte den Wilhelmsorden erhalten – von Seiner Majestät persönlich. Womöglich auch geadelt werden, munkelte man lockend. Warum? Wegen der Ullstein-Kriegsbücher, die vom Verlag zu Hunderttausenden kostenlos an die Front gegangen waren ... Er bat sich Bedenkzeit aus. Ausgerechnet den Wilhelmsorden! Man hatte ihn schon 1909, als Emilie Mosse ihn wegen wohltätiger Stiftungen bekam, als den Orden ›Pour les Semites‹ bezeichnet ... Das innerlich angeschlagene Hohenzollernsystem suchte sich der Tüchtigen durch Orden und Titel zu versichern, als würden sie sonst jeden Augenblick davonlaufen. Bei diesem Kasperletheater machte ein Ullstein nicht mit – was hätte Vater Leopold dazu gesagt! Neffe Karl hatte jetzt für große Tapferkeit vor dem Feind das Eiserne Kreuz bekommen. Das war etwas! Nein, Ende der Diskussion! Franz lehnte ab, preußisch-bescheiden und wilhelminisch-untertänig, vor allem glänzend formuliert.«

Es hätte so sein können. Doch für diesen Vorgang – Majestät bietet an, Unternehmer lehnt ab – fehlt jeder Beleg. Warum auch hätte ein Großbürger des Kaiserreichs so reagieren sollen? Die Nobilitierung vervielfältigte das symbolische Kapital noch einmal erheblich. Drewes resümiert: »Orden und Adelstitel kamen gesellschaftlichen Ambitionen ebenso zugute wie ihrer Kreditwürdigkeit und Ehre.« Das allerdings war keine preußische oder deutsche Besonderheit, sondern ein europäisches Phänomen. In Ländern, in denen mehr und häufiger nobilitiert wurde, etwa in Österreich, waren unter den Neuaristokraten auch zahlreiche Personen jüdischer Herkunft.

Große jüdische Familien wie die Rothschilds kombinierten diverse Traditionen und Distinktionen, waren bürgerlich selbstbewusst, stolze Juden und einer Nobilitierung nicht abgeneigt. Ähnliches gilt für die von Drewes genauer untersuchte Familie der Königswarter. »Die Aufnahme in den Adelsstand«, so resümiert Drewes die Sicht der Zeitgenossen, »setzte der großbürgerlichen Geste die Krone auf.«

Es ist ein verständlicher, aber eben ein ahistorischer Wunsch, das jüdische Großbürgertum des Kaiserreichs als eine aus ihrer Kultur und Epoche herausgehobene Gruppe zu stilisieren, die die höchsten Ehrungen ihrer Zeit nicht annehmen mochte, weil sie gewissermaßen den Vorschein einer besseren Zeit erkennen konnte.

Dabei schmälert es keineswegs die historische Attraktivität, wenn sich an dieser Gruppe eben alle widerstreitenden Momente der Epoche besonders klar ablesen lassen: einer Übergangszeit, in der Industrialisierung, Weltwirtschaft und Medien schon weit ausgebildet waren, die Gesellschaft aber auch in alten Rollen und Ritualen schwelgte.

Und es wirft auch ein grelles Licht auf die Geistesverfassung der preußischen Monarchie und des Adels, dass dermaßen restriktiv mit Nobilitierungen von Personen jüdischer Herkunft verfahren wurde. Schon die wenigen, die nobilitiert wurden, riefen in Adelskreisen antisemitische Schmähungen und Proteste hervor – so kritisierte 1886 im »Deutschen Adelsblatt« ein Artikel, bald stehe »Wappenschild neben Firmenschild«, was implizierte, die spezifische Nobilität des Adels werde der Gier nach Geld geopfert.

Statt also den Blick auf die charmante Chimäre des adelsfeindlichen jüdischen Großbürgertums zu richten, sollte man den Alltag der antisemitischen Einstellungen und Praktiken in Preußen im Blick behalten. Und erkennen, dass die respektvolle Beschreibung einer historischen Gruppe darin besteht, sie in ihrer Zeit zu würdigen.

Weil die Menschen damals weder das Ende der Monarchie noch das Ende Preußens oder gar den Weg in den Massenmord an den europäischen Juden vorausahnen konnten, gab es für preußische Bürger jüdischer Herkunft, von denen viele zum Protestantismus konvertiert waren, schlechterdings keinen Grund, die eigene Lebensleistung nicht durch einen der seltenen Adelstitel zu krönen. Und durch solchen Ausweis der Tüchtigkeit und des individuellen Leistungsprinzips die Antisemiten in Adelskreisen auch kräftig zu ärgern.

FRONDIENST MIT FREIBIER

Adelige Junker herrschten über das preußische Landgut Stavenow, untertänige Bauern bestellten die Felder. Die Macht schien klar verteilt – doch im Alltag sah es ganz anders aus.

Von Martin Pfaffenzeller

Östlich der Elbe, auf halber Strecke zwischen Berlin und Hamburg, herrscht Friedrich Joachim von Kleist um 1768 über das Rittergut Stavenow. Er wohnt in der Burg Stavenow, einem viereckigen Wehrturm aus dem Mittelalter, ausgebaut zu einem 30 Meter langen Herrenhaus. Daneben erheben sich eine Kapelle, ein Wirtshaus, mehrere Baracken für Tagelöhner und Gesinde sowie Stallungen für 40 Pferde und 300 Kühe. Aus seinem Gemach im dritten Stock blickt Kleist, 38 Jahre alt und Major der preußischen Armee, auf die Brücke über die Löcknitz, einen Nebenfluss der Elbe, über Äcker, Weiden und Wälder. Er sieht die Bauerndörfer Mesekow und Karstädt, die beiden nächstgelegenen der neun Siedlungen auf seinen Tausende Hektar großen Ländereien.

Die etwa 1500 Menschen, die dort leben, sind Kleists Untertanen – jedes Familienoberhaupt hat ihm Treue und Gehorsam geschworen. Der Gutsherr besitzt die Flächen, die sie beackern, und die Häuser, die sie bewohnen. Nach Belieben kann er sie zu Abgaben und Fronarbeit zwingen. Doch als Kleist im Winter 1768/69 verlangt, dass seine Untertanen jede Woche Dutzende Wagenladungen Holz zum über 20 Kilometer entfernten Elbhafen in Lenzen karren, weigern sie sich: Die Fracht würde ihre Pferde über Gebühr schinden, klagen sie. Zudem verstieße die Forderung gegen frühere Vereinbarungen.

Kleists Gutsaufseher bestrafen die Bauern für ihren Ungehorsam. Sie schlagen sie und nehmen ihnen die Zugtiere weg – so werden es die Untertanen später vor Gericht schildern, wie der US-Historiker William W. Hagen in seiner Studie »Ordinary Prussians« anhand der Gutsakten rekonstruiert hat. Angebliche Rädelsführer wie der Bauer Peter Ebel werden eingekerkert. Die Wärter werfen feuchtes Kiefernholz in den Ofen seiner Zelle, zwei Tage sitzt der 63-Jährige im Rauch. So eskalierte in Stavenow ein Konflikt, wie er auf ostelbischen Rittergütern seit Jahrhunderten immer wieder vorkam: Ein profitgetriebener Gutsherr stieß auf Untertanen, die ihren Lebensstandard und ihre traditionellen Rechte mit allen Mitteln zu verteidigen suchten.

Doch was in diesem Winter 1768/69 zunächst wie einer der üblichen Arbeitskämpfe erscheint, sollte das Verhältnis zwischen Adel und Bauernschaft in Stavenow für immer verändern: Mit dem Widerstand gegen die Holzfahrten begann der langsame Zusammenbruch der Junkerherrschaft. Zwar waren die Bauern Erbuntertanen ihres Gutsherrn: Er bewirtschaftete mit ihrer Arbeitskraft seine Ländereien, ohne seine Genehmigung durften sie weder wegziehen noch heiraten. Doch wohl zu kei-

Oben und unten: Ostelbische Großgrundbesitzer wie Adolf Graf von Arnim-Muskau (hier 1926) inspizierten auf edlen Pferden ihre Latifundien. Die Untertanen vergnügten sich beim Schweinereiten.

ner Zeit konnten sich die adeligen Herrscher in Stavenow auf den blinden Gehorsam ihrer Untertanen verlassen. Die wussten, dass sie es waren, die den Ertrag des Guts sicherstellten – an ihnen hing das wirtschaftliche Schicksal des Gutsherrn. Und so ist die Geschichte von Stavenow ein Beispiel dafür, wie die Interessen von Adeligen und jene der unfreien Bauern aufeinanderprallten, wie sie ganz praktisch um Kompromisse rangen – und wie wenig die formale Macht des Adels im konkreten Fall bisweilen nützte. Schon in den wenigen erhaltenen Akten der Junkerfamilie Quitzow, die das Gut Stavenow von 1405 bis 1647 besaß, fand Historiker Hagen Spuren von Widerstand: 1549 verringerte Gutsherr Lütke von Quitzow die Frondienste auf drei Tage – vermutlich hatten die Bauern rebelliert.

Nach Ende des Dreißigjährigen Krieges 1648 erließ der neue Gutsherr Joachim Friedrich von Blumenthal seinen Leuten noch mehr Frondienste. Der Krieg hatte das Gut mit voller Grausamkeit getroffen: Nur ein Drittel der Bauern hatte Kämpfe und Pest überlebt, sie galt es, auf dem Gut zu halten und möglichst neue Siedler anzulocken. Als die Kornpreise wegen Ernteüberschüssen um 30 Prozent fielen, forderte Blumenthal wieder mehr Dienste von seinen Untertanen. Damit stieß er auf Widerstand: In der ganzen Region im Nordwesten Brandenburgs habe sich die »gemeine Bauernschaft« zu einem »kühnen und frechen Aufstand« erhoben, berichtete ein besorgter Prignitzer Junker 1701 dem Berliner Hof.

Ein königlicher Beamter befragte Gutsherren und sammelte die Beschwerden der Landbevölkerung. Die Bauern klagten nicht nur über die zusätzliche Arbeit. Auch dass sie zu den Frondiensten kein Freibier bekamen und der Gutsverwalter Schafe auf ihren Äckern weiden ließ, trieb sie um. Besonders ärgerte sie der neue Folterkerker, »Brack« genannt, in dem

Gefangene mit Handschellen so an die Wand gehängt würden, dass ihnen der Rücken fast entzweibreche. Der Beamte schlug sich auf die Seite des Adels: Mehr als zwei Jahre lang steckte er Prignitzer Bauernführer in die Zitadelle Spandau, einen Prozess gegen die Junker verhinderte er. Offenbar brach der Widerstand dann zusammen. Der Stavenower Gutsherr setzte Abgaben auf Vorkriegsniveau durch: für einen Bauern mit mittelgroßem Hof rund 300 Kilogramm Roggen im Jahr, dazu wöchentlich drei Tage Frondienst.

Im Jahr 1719 kaufte Andreas Joachim von Kleist das Gut. Der stammte aus einem hinterpommerschen Junkergeschlecht, mit sieben Jahren wurde er zum Waisen. Wohlstand und Ansehen verdankte er der preußischen Armee: Vom Pagen hatte er sich bis zum Oberst im Regiment des Soldatenkönigs Friedrich Wilhelm I. hochgedient.

Der Kauf des Guts sollte Kleists Status demonstrieren – und Geld in die Kasse der Familie bringen. Denn der Unterhalt einer Junkerfamilie war teuer, einer kinderreichen umso mehr. Allein für die Mitgift seiner fünf Töchter hatte Kleist in seinem Testament 60 000 Taler eingeplant – mehr als er für Stavenow gezahlt hatte. Die zehn Söhne sollten zwölf Jahre lang Stipendien von 500 Talern erhalten, damit sie Offizierskarrieren verfolgen könnten: weitere 60 000 Taler. Um seine hohen Ausgaben zu decken, stellte der neue Gutsherr sogar Waisenkindern aus einer Bürgerfamilie im nahe gelegenen Perleberg nach, deren verwitwete Mutter bei ihrem Tod mit 107 Talern in Verzug war. Auch gegenüber anderen Junkern wie dem mächtigen Prignitzer Landrat Hans von Grävenitz bestand Kleist auf die Rückzahlung von Zinsen.

Vor allem aber sollten die Bauern für Einkünfte sorgen. Weil er sie allesamt für faul und untüchtig hielt, kaufte Kleist neue

Kirchturmglocken: Pünktlich um sechs Uhr morgens sollten die Untertanen zum Frondienst erscheinen. Faulenzer werde er von ihren Höfen werfen, drohte er, und mit »besseren Bauern« ersetzen. Wer Holz mitgehen ließ, musste den »Spanischen Mantel« tragen: eine Mischung aus Pranger und Folterwerkzeug, das über Kopf und Schultern geschnallt wurde – meist am Sonntag auf dem Kirchplatz. Gegen die neue Disziplin wehrten sich die Stavenower: 1726 stand der Bauernsohn Jochen Milatz vor Gericht, weil er einen Aufseher mit einem Knüppel geschlagen haben soll. Der Angeklagte rechtfertigte sich damit, dass sein Pferdegespann wegen der Fronarbeit kurz vor dem Zusammenbruch gestanden habe. »Der Hund« – wie er den Aufseher nannte – könne ihm schließlich keine neuen Pferde »scheißen«. Der Gutsrichter schickte Milatz in Absprache mit dem Gutsherrn für eine Stunde in den Folterkerker.

Nachgiebiger zeigte sich Junker Kleist 1738: Als bei einem Transport von 400 »Holländer-Käsen« nach Berlin 100 Pfund verschwanden und später sogar ein ganzer Käsetransport nach Potsdam, verurteilte der Gutsrichter die Bauern dazu, den Wert des verlorenen Käses zu ersetzen. Weil die Bauern aber damit drohten, ihre Höfe dann ganz aufzugeben, musste Oberst Kleist nachgeben: Statt die aufmüpfigen Bauern vom Gut zu werfen, verzichtete er auf Bußgelder.

Nachdem Kleist im selben Jahr gestorben war, änderte seine Witwe Marie Elisabeth als neue Gutsherrin die Strategie: Statt die Untertanen auszupressen, setzte sie auf landwirtschaftliche Reformen. Sie schaffte Dutzende Zugpferde an, um die Felder effektiver zu pflügen. Sie vergrößerte die Kuhställe, damit mehr Mist als Dünger abfiel. Auch die Einnahmen aus Viehverkauf und Käserei stiegen. Dazu ließ sie mehr Schnaps brennen und mehr Bier brauen. Wichtigste Neuerung aber war die Abkehr von der Dreifelderwirtschaft. Die Bauern sollten die Felder nun in elf Phasen bewirtschaften: Abwechselnd wurden Winter- und Sommergetreide sowie Kartoffeln angebaut, zwischendurch weidete das Vieh auf den Flächen – die Erträge stiegen deutlich. Mitte des 18. Jahrhunderts erwirtschaftete das Gut im Schnitt rund 4000 Taler Reingewinn pro Jahr.

Fünf Jahre nach dem Tod von Marie Elisabeth von Kleist 1758 legten die zehn Söhne der Gutsherrin »in brüderlicher Harmonie«, wie es in einer Urkunde hieß, fest, dass Stavenow 127 483 Taler wert sei – mehr als doppelt so viel wie der einstige Kaufpreis. Übernehmen sollte der Sechstgeborene: Major Friedrich Joachim von Kleist, damals 32 Jahre alt. Der junge Major startete seine Gutsherrnzeit mit 75 000 Talern Schulden, denn er musste seinen Brüdern das Erbe auszahlen. Um die Last zu tilgen, kombinierte er die Strategien seiner Eltern. Wie seine Mutter versuchte er, die landwirtschaftlichen Erträge durch Innovationen zu steigern. Er bestellte Bücher über Viehzucht und Ackerbau und ließ Wälder roden, um das Holz zu verkaufen und neue Felder zu erschließen.

Das Holz aber musste irgendwie zum Händler kommen. Da Kleist keine zusätzlichen Knechte oder Tagelöhner bezahlen wollte, versuchte er wie sein Vater, die Untertanen zu mehr Frondiensten zu zwingen. Und so begann der Konflikt um die Transporte zum Elbhafen, der sich über Monate immer weiter verschärfte – eben bis der Bauer Peter Ebel im Winter 1768/69 in einer verqualmten Kerkerzelle nach Sauerstoff japst. Ebel erkrankt schwer. Nach fünf Tagen geht es ihm so schlecht, dass der Gefängniswärter ihn entlässt. Für andere Stavenower Aufrührer aber dauert die Tortur im Kerker drei Wochen.

Dennoch geben die Bauern nicht klein bei – und sie organisieren ihren Widerstand gewiefter als damals gegen den alten

Kleist. Sie streiken weiter und sammeln Geld für einen Anwalt, der eine Petition an den König verfasst. Denn obwohl die Gutsgerichte weitgehend autonom Recht sprechen, kann sich das königliche Kammergericht in Fällen besonderen Unrechts einschalten.

Im Sommer 1769 kommen Beamte nach Stavenow, untersuchen den kranken Ebel, begutachten die Pferde, messen die Strecke zur Elbe und befragen die Bauern. Viele behaupten, ihnen drohe wegen der Holztransporte der Ruin. Vermutlich überzeichnen sie ihre Geldnot jedoch, denn die meisten Bauernhöfe wirtschaften im 18. Jahrhundert trotz Abgaben an Gutsherrn und König rentabel.

1764 etwa vererbt eine Bäuerin aus einem der Stavenower Gutsdörfer 11 Kleider, 16 Mieder, 27 Hauben und einen Schal aus Musselin. Selbst unverheiratete Mägde und Knechte bekommen täglich Käse, Butter und mindestens anderthalb Liter Bier, essen mehrmals in der Woche Fleisch und trinken Schnaps – eine reichere Kost, als sie damals die meisten freien Bauern westlich der Elbe genießen. Die Stavenower rebellieren nicht aus purer Not. Sie wollen ihren Lebensstandard bewahren – oder verbessern.

Das Berliner Kammergericht urteilt zunächst im Sinne Kleists, weil die Untertanen nicht nachweisen können, dass die Holzfahrten »absolut unmöglich« seien. Doch anders als beim Prignitzer Bauernaufstand knapp sieben Jahrzehnte zuvor geben die Untertanen nicht nach. Sie streiken weiter und ziehen vor das »Ober-Appellations-Tribunal«, die höchste Instanz im Rechtssystem Preußens. Und nun triumphieren die Bauern: Im November 1771 hebt das Tribunal den alten Richterspruch auf – und erklärt die Holzfahrten für illegal. Die Strecke zum Elbhafen und zurück sei zu weit für einen Tag, heißt es in der Begründung.

Gutsherr Kleist verfasst Beschwerdebriefe an König, Kammergericht und Kabinett, die seine Verzweiflung offenbaren. »Trotzige« Bauern würden nicht einmal mehr pflügen und düngen. Das »wundersame« Urteil sei »schlecht für das Land«, denn es gefährde das Rückgrat der preußischen Armee: Ohne Gutsherrschaft könne kein Junker eine Offizierskarriere finanzieren. Doch aus Berlin erhält er nur die Empfehlung, das Urteil »ruhig« zu akzeptieren. Nun setzt Kleist auf Gewalt. 1772 schlägt er den Bauern Christian Schütt mit seiner Peitsche – weil er ihn beim Pfeiferauchen ertappt hat. Einen anderen Untertan, der aus dem Kerker ausgebrochen war, würgt er angeblich bis zur Bewusstlosigkeit.

Doch der Major führt einen Kampf, den er nicht gewinnen kann. In einer Zeit, als Aufklärer die Idee von allgemeinen Menschenrechten verkünden, lassen sich die Bauern die Gewalttaten ihres Gutsherrn nicht länger gefallen: Sie verweigern insgesamt drei Jahrzehnte lang Befehle und Bußgelder, überziehen den Gutsherrn mit immer neuen Klagen – ihr Widerstand ist so ausdauernd und koordiniert wie nie zuvor. »Renitenz und Ungehorsam erwiesen sich als preußische Tugenden«, schreibt Historiker Hagen.

Zahlreiche Beschwerden über die Junker erreichen das Kammergericht auch von anderen Gütern. 1787 droht der neue König Friedrich Wilhelm II.: Wenn ein Gutsbesitzer die Untertanen mit Diensten über ihre Schuldigkeit belästige, sie in ihrem Eigentum beeinträchtige, sie erpresse oder misshandle, werde dies seine königliche Majestät mit »höchster Ungnade« ahnden.

1789 stürzen die Franzosen in der Revolution das Ancien Régime und mit ihm die Vormacht des Adels. Die Parolen von Freiheit und Gleichheit und die Forderungen nach einer

Verfassung tönen weit über die Grenzen des Landes hinaus. Auch in Stavenow werden sie vernommen: Nur wenig später unterzeichnen Junker und Untertanen eine Art Gutsverfassung mit 191 Paragrafen. Der Gutsherr verpflichtet sich, den Bauern nach Missernten mit Saatgut auszuhelfen, ihre Kinder als Erben der Höfe anzuerkennen und die Frondienste unter keinen Umständen zu erhöhen. Die Bauern sichern im Gegenzug zu, nach Todesfällen in der Junkerfamilie vier Wochen lang jeden Mittag die Kirchenglocken zu läuten. Dafür erhalten sie ein Fass Bier – so vermutlich auch, als 1803 der letzte Gutsherr Friedrich Joachim aus dem Geschlecht Kleist stirbt.

Seine Witwe heiratet erneut und verkauft Stavenow für 255 000 Taler. Trotz aller Querelen hat Major Kleist den Wert des Guts weiter gesteigert und seine Schulden zur Hälfte getilgt. Es war nicht der Druck auf die Untertanen, der ökonomische Wirkung zeigte, sondern die Reformen, die Kleist umgesetzt hatte: mehr Tagelöhner und Knechte, mehr Ochsen, Schnaps und Bier. »Stavenow war ein ehrgeiziges und gut geleitetes, aber nicht untypisches ostelbisches Großgrundbesitzer-Unternehmen«, schreibt Historiker Hagen: »Das Bild einer technologisch rückwärtsgewandten Junkerwirtschaft, in der autoritäre Starrheit und Ausbeutung jegliche Marktanreize unterdrücken, ist eine Karikatur.«

Doch die Zeit der Gutsherrschaft ging zu Ende. Streikende Bauern schwächten die Rendite der Junker, durch ihre Klagen rückten sie Willkür und Unfreiheit auf den Gütern ins Bewusstsein aufklärerischer Reformer. 1806 erlitt Preußen eine vernichtende Niederlage gegen Napoleon, verlor vorübergehend seinen Status als europäische Großmacht. Nun sollten Reformen das Land modernisieren und wieder wettbewerbsfähig machen. Dazu gehörte auch das Ende der Erbuntertänigkeit, die »Bauernbefreiung«. 1807 erlassen, trat das königliche Edikt 1810 in Kraft. Eine Revolution von oben. Ein Jahr später erhielten die Stavenower Bauern die Besitzrechte an zwei Dritteln der Äcker, die sie zuvor bestellt hatten. Das dritte Drittel fiel an den Gutsherrn.

Der australische Historiker Christopher Clark urteilt in seinem Standardwerk über Preußen: »Der durch Napoleon erlittene Schock war lediglich der Katalysator, nicht die Ursache.« Die Gutsherrschaft wäre aufgrund des ideologischen und wirtschaftlichen Drucks wohl ohnehin früher oder später zusammengebrochen.

Der neue Gutsherr auf Stavenow, der ehemalige Staatsminister Otto Carl Friedrich von Voß, ließ die Gutsfelder von billigen Landarbeitern bestellen. Seine Biografie ist typisch für den Wandel der Grundbesitzer im 19. Jahrhundert: Anders als die alten Junker stieg Voß nicht mehr als Offizier auf, sondern als Politiker und Kapitalist.

Schnelles Wissen

Waren die Bauern der Junker Leibeigene?

Rechtlich waren die meisten Bauern im ostelbischen Preußen des 18. Jahrhunderts keine Leibeigenen, denn ihr Körper gehörte dem Gutsherrn nicht. Außerdem konnten sie vor Gericht ziehen und hatten eigenes Geld, Kleidung und Vieh. Gleichwohl waren die Bauern vom Junker abhängig, denn er war Eigentümer ihrer Häuser, Äcker und Pflüge – für die Nutzung verlangte er Frondienste. Zudem unterlagen sie auf dem Gut seiner Rechtsprechung: Sie waren daher seine Untertanen. Übergaben Bauern ihre Höfe an die nächste Generation, musste der Gutsherr zustimmen. Meist übernahmen die Bauernkinder Status und Nutzungsrechte von ihren Eltern, das Verhältnis von Gutsherren und Bauern nennt man daher Erbuntertänigkeit.

Offizier mit Landbesitz

So herrschte der Landadel in Preußen.

Die Zeit der Junker begann im Mittelalter, als Ordensritter und Fürsten die heidnischen Slawen in Osteuropa unterwarfen. Mit den Heerführern zogen besitzlose Söhne aus deutschen Adelsfamilien nach Osten: Sie wurden als »Juncherre« (junger Herr) bezeichnet, woraus sich später das Wort Junker ableitete.

Zum Dank erhielten die Junker Teile des eroberten Gebiets – samt Verfügungsgewalt über die Menschen, die dort lebten. So bestand ein ostelbisches Gut aus zwei Bereichen: den vom Junker selbst bewirtschafteten Äckern und jenen Feldern, die seine Untertanen pflügten. Dafür, dass die Bauern das Land nutzen durften, schuldeten sie dem Junker Frondienste: Sie mussten etwa Botengänge erledigen, Straßen bauen oder die Äcker des Gutsherrn abernten. Anders als westlich der Elbe, wo sich die Bauern zu Beginn der Neuzeit formelle Unabhängigkeit erstritten, kontrollierte der ostelbische Adel die Landbevölkerung: Bauern durften das Gut nicht verlassen – wer es trotzdem wagte, den konnte der Junker gewaltsam zurückholen.

Die Güter entwickelten sich zu eigenen Herrschaftsräumen, in denen der Junker zugleich Arbeitgeber, Grundeigentümer, Gerichtsherr und Oberpolizist war; willkürlich konnte er Geldbußen, Peitschenhiebe oder Kerkerstrafen verhängen. Obwohl die preußischen Könige im 18. Jahrhundert nach absoluter Herrschaft strebten, unternahmen sie lange nur wenig gegen die Sonderrechte des Adels – die Monarchen waren von den Junkern abhängig, weil sie fast alle Offiziere im preußischen Militär stellten. Trotzdem war die Macht der Junker kleiner, als ihre Privilegien vermuten lassen. Mit Streiks wehrten sich die Bauern vielerorts gegen ungerechte Behandlung, so etwa auf dem Gut Stavenow.

1806 besetzte Napoleon große Teile des Königreichs Preußen. Die Niederlage in der Schlacht von Jena und Auerstedt erschütterte das Prestige des Landadels, der seine Privilegien auch mit Erfolgen auf dem Schlachtfeld gerechtfertigt hatte. Reformer setzten ein Edikt durch, das die Gutsherrschaft abschaffte: Bauern übernahmen als »freie Leute« das von ihnen bewirtschaftete Land, die Junker erhielten als Entschädigung Boden oder Geld.

Trotz der Revolution von 1848 und der späteren Reichsgründung behaupteten die Junker im 19. Jahrhundert ihre politische Macht. Die Landadeligen dominierten den Preußischen Landtag – das wohl wichtigste Organ im Kaiserreich –, weil das Dreiklassenwahlrecht reiche Wähler begünstigte.

Im Militär besetzten die Junker weiterhin wichtige Posten: Generäle aus dem ostelbischen Landadel waren maßgeblich beteiligt, als das Reich in den Ersten Weltkrieg zog. Die Niederlage wurde für die Junker zum Desaster. In der Weimarer Republik verloren sie ihre Sonderrechte. Viele gingen bankrott und schlossen sich rechtsradikalen Freikorps an. Als Adolf Hitler die Macht ergriff, glaubten einige Junker, den Diktator für ihre Zwecke nutzen zu können.

Mit dem Zusammenbruch Nazideutschlands im Zweiten Weltkrieg verschwand die Lebenswelt des Landadels endgültig. Der Großteil der Güter lag östlich der Oder-Neiße-Linie – nach 1945 gehörten die Gebiete zu Polen oder der

Sowjetunion. Den Rest enteigneten die Kommunisten in der Sowjetischen Besatzungszone und späteren DDR unter der Parole »Junker-Land in Bauernhand«.

Martin Pfaffenzeller

»WIE SOLL ES NUR WERDEN?«

Mit dem Kaiserreich verschwanden 1918 auch die Privilegien des Adels. Das Beispiel des mecklenburgischen Grafen Bernstorff zeigt, wie die Aristokraten mit dem Statusverlust umgingen.

Von Eckart Conze

Je länger ein Gebäude den Stürmen der Zeit Trotz geboten hat, ohne in Verfall zu geraten, je sicherer können wir auf die Güte und Festigkeit des Materials, aus dem es ausgeführt wurde, je sicherer auch auf die hohe Verehrung, mit welcher es von Geschlecht zu Geschlecht geachtet und gepflegt wurde, schließen.«

In dieser Überzeugung, die Graf Werner von Bernstorff in den 1880er-Jahren an die Spitze einer familiengeschichtlichen Betrachtung stellte, spiegelt sich das Selbstbewusstsein einer Adelsfamilie, die zu den größten Grundbesitzern in Mecklenburg und Hannover zählte. Einer Familie, deren Schlösser und Herrenhäuser ihren materiellen Wohlstand demonstrierten; die in den politischen Institutionen des ausgehenden 19. Jahrhunderts gut vertreten war; deren Vertreter auch im Staatsdienst, als Diplomaten beispielsweise, hohe Positionen bekleideten; die im mecklenburgischen Wedendorf oder im hannoverschen Gartow unangefochten die lokale politische Herrschaft ausübte; einer Familie des Adels, der sich nicht nur in die bürgerliche Gesellschaft des 19. Jahrhunderts integriert, sondern in dieser bürgerlichen Gesellschaft seine Dominanz verteidigt, der sich behauptet hatte, der »oben geblieben war«: politisch, ökonomisch und kulturell.

Drei Jahrzehnte später war diese Selbstgewissheit dahin. Mit dem Untergang des Kaiserreichs und der Niederlage im Ersten Weltkrieg lag die Welt des Adels, so schien es, in Scherben. »Was soll nur aus uns werden, wenn ich keine lohnende Stellung finde«, fragte und klagte der Kavallerieoffizier Andreas Graf Bernstorff, Sohn des eingangs zitierten Werner Graf Bernstorff, dem es nach 1919 nicht gelungen war, seine Stellung im Militär zu behalten. »Wenn ich auch still zu Hause sitze und jeden Pfennig spare, so wird mir doch schwarz vor Augen, wenn ich an die Zukunft denke. Wie soll es nur werden?« Andreas Graf Bernstorff war keine Ausnahme. Für viele Adelige bedeutete das Jahr 1918 – Kriegsniederlage, Revolution, Republikgründung – einen Absturz aus großer Höhe.

Sicher, auch schon im 19. Jahrhundert war der Adel in seinem politischen und gesellschaftlichen Führungsanspruch herausgefordert worden. In der ständischen Gesellschaft war die Herrschaft des Adels Teil der politischen Ordnung gewesen. Im Übergang zur bürgerlichen Gesellschaft wurden Privilegien des Adels abgebaut: Das aufsteigende Bürgertum forderte selbstbewusst seine Beteiligung an der politischen Herrschaft, die Vertretung in Parlamenten, den Zugang zu

»Mein neuer Gutsnachbar is 'n Bürgerlicher, der Kerl versaut die ganze Landschaft.«

Gespött: Diese adelskritische Karikatur von Bruno Paul erschien 1904 in der Satirezeitschrift »Simplicissimus«.

öffentlichen Ämtern und die Durchsetzung des Leistungsprinzips anstelle des Geburtsprinzips. Die großen Ideen der Französischen Revolution, allen voran Freiheit und Gleichheit, erschütterten auch in Deutschland die jahrhundertealte Herrschaft des Adels.

Und dennoch wusste sich der Adel zu behaupten. In der Sozialhierarchie des deutschen Kaiserreichs rangierte er ganz oben. Die monarchische Ordnung des Kaiserreichs, auf nationaler Ebene und in seinen Einzelstaaten, stabilisierte die politische und gesellschaftliche Dominanz des Adels. Adelskultur und adeliger Lebensstil wurden zum Modell für das Bürgertum. Erfolgreiche Unternehmer erwarben ländliche Rittergüter und imitierten dort das Leben des Adels. Historiker sprechen von einer Feudalisierung des Bürgertums, das durch seine Orientierung am Adel zu dessen Selbstbehauptung entscheidend beitrug. Denn der Adel schaffte es, sich durch Distinktion weiterhin vom Bürgertum abzuheben. Anders als beispielsweise in England entstand in Deutschland und insbesondere in Preußen keine gemeinsame adelig-bürgerliche Elite. Der Adel blieb ein »Meister der Sichtbarkeit« (so der Historiker Heinz Reif), der aus seiner herausgehobenen Präsenz in den Hofgesellschaften in Berlin, Dresden oder München, aus seiner Dominanz im Offizierskorps oder aus der ostentativen Pflege einer ländlich-agrarischen Lebensweise symbolisches Kapital zu ziehen vermochte, das seinen gesellschaftlichen Vorrang befestigte.

Auch politisch gelang es dem Adel, seinen Herrschaftsanspruch zu verteidigen. Das gilt einerseits für die lokale Ebene, wo Adelige als Guts- oder Grundbesitzer weiterhin politische Herrschaftsrechte wahrnahmen und wo sie darüber hinaus als Agrarunternehmer und ländliche Arbeitgeber ihren Status stabilisierten. Anders als es der Soziologe Max Weber Ende des

19. Jahrhunderts diagnostizierte, befand sich der ländliche Adel keineswegs in einem »Todeskampf«.

Macht übte er aber andererseits auch weiterhin auf staatlicher Ebene aus. In Preußen waren nicht nur Militär und öffentliche Verwaltung adelig geprägt, sondern über das Herrenhaus, die erste Kammer des preußischen Parlaments, nahm vor allem der ländlich-ostelbische Adel, die berühmten Junker, entscheidenden Einfluss auf Politik und Gesetzgebung. Und weil die Dominanz Preußens in der Verfassung des Kaiserreichs von 1871 verankert war, reichte die Macht des preußischen Adels bis in die nationale Politik. Diese blieb bis zum Ende des Ersten Weltkriegs – und damit des Kaiserreichs – entscheidend von adeligen Interessen bestimmt.

Vor diesem Hintergrund bildete der Zusammenbruch des Kaiserreichs und seiner monarchischen, adelsfreundlichen Ordnung für den Adel eine tiefe Zäsur. Mit der Abdankung des Kaisers und seiner Flucht ins niederländische Exil sowie dem Thronverzicht der übrigen Fürsten endeten die Prestigepotenziale der höfischen Gesellschaft und der Nähe zu den Monarchen. Durch die flächendeckende Einführung des allgemeinen Wahlrechts entfiel eine weitere politisch wirksame Privilegierung. Zudem hatte der Adel nun nicht mehr das Sagen in den ersten Kammern der Länderparlamente. Das preußische Herrenhaus wurde abgeschafft.

Der Gleichberechtigungsgrundsatz der Weimarer Verfassung – »Die öffentlich-rechtlichen Vorrechte … der Geburt oder des Standes sind aufzuheben« – tat ein Übriges: Adelige Titel und Prädikate waren von nun an nur noch Bestandteil des Namens. Aus Graf Andreas von Bernstorff wurde Andreas Graf von Bernstorff. Aber auch andere Vorrechte gingen verloren: vom Kirchenpatronat bis hin zu dem Privileg, den ländlichen

Besitz ungeteilt weitervererben zu können, das sogenannte Fideikommissrecht. Vor solchem Hintergrund kann die vehemente Republikfeindschaft, die den ganz überwiegenden Teil des deutschen Adels kennzeichnete, kaum überraschen.

Doch die Ablehnung von Republik und Demokratie speiste sich auch aus dem Verlust beruflicher Perspektiven. Am deutlichsten wurde das im Militär, wo durch die Einführung des 100 000-Mann-Heeres in der Folge des Versailler Vertrags viele Posten wegfielen. Aber auch in der Landwirtschaft wurde es schwieriger: Die Interessen des Adels wurden nun nicht länger staatlich gestützt, Modernisierungsdefizite führten zusammen mit der allgemeinen wirtschaftlichen Entwicklung zu einer schweren Krise, die viele adelige Güter nicht überlebten. All das war, so sah man es zumindest im Adel, die Folge einer politischen Gesamtsituation, die von adelsfeindlichen Kräften beherrscht wurde.

Die Adeligen reagierten auf unterschiedliche Weise auf diese Entwicklung. Nicht wenige zogen sich auf ihre Landgüter zurück, was freilich keineswegs Schwäche oder Selbstaufgabe bedeutete. Im Gegenteil: Oft steckte eine Strategie dahinter, die darauf gerichtet war, vom ländlichen Einflussbereich aus, von dort, wo man die Dinge noch unter Kontrolle zu haben glaubte, früher oder später die demokratisch-republikanische Ordnung zu überwinden. Man sammelte seine Kräfte und wartete auf eine günstige Gelegenheit, den verhassten Staat von Weimar zu beseitigen. Während manche Adelige noch eine Rückkehr in die »gute alte Zeit« vor 1914 anstrebten, ging es einer immer größer werdenden Zahl um eine autoritäre Überwindung der Demokratie, einen »Führerstaat«, der nicht zwingend monarchisch ausgeformt sein musste. »Uns kann nur ein Diktator noch helfen, der mit eisernem Besen zwischen dieses ganze internationale Schmarotzer-Gesindel fährt«, vertraute Andreas Graf von Bernstorff 1928 seinem Tagebuch an. »Hätten wir doch, wie die Italiener, einen Mussolini!«

Jenseits der ländlichen Güter sammelte der republikfeindliche Adel seine Kräfte allerdings auch in einer Reihe antidemokratischer Organisationen. Dazu gehörten Parteien, allen voran die nationalistische Deutschnationale Volkspartei (DNVP), aber auch Adelsorganisationen wie insbesondere die Deutsche Adelsgenossenschaft (DAG), die zahlenmäßig wichtigste Standesvertretung der Zwischenkriegszeit. Die DAG war 1874 gegründet worden und hatte schon vor dem Krieg einen völkisch-nationalistischen Kurs eingeschlagen, sie bewegte sich im Dunstkreis des Alldeutschen Verbandes und der radikalnationalistischen Deutschen Vaterlandspartei. In der DAG organisierte sich vor allem der protestantische Adel Nordostdeutschlands, der sich politisch angesichts der Absturzerfahrung von 1918/19 weiter radikalisierte. 17 000 Mitglieder gehörten ihr 1925 an.

Immer stärker wurde nach dem Ersten Weltkrieg die rassistische und vor allem antisemitische Aufladung des völkischen Nationalismus der DAG. Das ermöglichte Brückenschläge zur aufsteigenden NSDAP. Auch für Andreas Graf von Bernstorff erklärten »jüdische« Aktivitäten die Kriegsniederlage, die Revolution von 1918 – Stichwort: »Dolchstoß« –, die permanenten Unruhen im Reich, die desolate ökonomische Situation, die Dauerkrise der Landwirtschaft und, dies alles überwölbend, den von ihm wahrgenommenen allgemeinen gesellschaftlichen und kulturellen Verfall. Auch sich selbst macht er zum Opfer angeblicher jüdischer Machenschaften: »Der jüdische Moloch arbeitet unentwegt an unserem Untergang. Das ist nicht der einzelne Jude, sondern das internationale Judentum mit den Riesen-Geldmitteln, die Juden als Rasse.« Die Adelsgenossenschaft fügte ihrer Satzung bereits 1920 einen »Arierparagrafen« hinzu. Wer jüdische Vorfahren hatte, konnte nicht Mitglied der DAG sein. Zur selben Zeit entstand auch das »Eiserne Buch Deutschen Adels Deutscher Art« (EDDA), eine rassistisch-antisemitische Adelsmatrikel nach den Kriterien »strenger Rassereinheit«.

Die Selbststilisierung zu Opfern und der aus ihr resultierende Antirepublikanismus sind für die politische Radikalisierung des deutschen Adels von besonderer Bedeutung. Sich als Leidtragende »linker« oder »jüdischer« Machenschaften zu sehen, verband sich leicht mit der Rede vom »Blutopfer« des Adels auf den Schlachtfeldern des Weltkriegs, das sich als umsonst erwiesen hätte. Und hier ergaben sich bald auch Anknüpfungsmöglichkeiten an die Opfermythen und den Opfer- und Gefallenenkult des aufsteigenden Nationalsozialismus.

Gerade der preußisch-deutsche Militäradel, durch die Entmilitarisierung nach 1918 vieltausendfach in den Grundfesten seiner Existenz erschüttert, musste sich von Vorstellungen eines »soldatisch-kriegerischen Führertums« angezogen fühlen, wie sie überall in völkisch-nationalen Zirkeln, vor allem aber im aufsteigenden Nationalsozialismus vertreten wurden.

Das ist auch deswegen wichtig, weil es die Attraktivität nationalsozialistischen Gedankenguts für den Adel schon vor 1933 erklären hilft – jenseits aller Karrierechancen, die die nationalsozialistische Kriegs- und Aufrüstungspolitik nach 1933 gerade auch für den ostelbischen Adel bot. Und mit dem Antisemitismus, der integraler Bestandteil solcher Vorstellungen war, ließen sich die Ideen eines neuen Führertums einfach verbinden. Die Annäherung an den Nationalsozialismus fiel vielen Adeligen, gerade in Preußen, umso leichter, weil führende Exponenten des ehemaligen Kaiserhauses der Hohenzollern den Nationalsozialismus offen unterstützten. Zu ihnen gehörte der ehemaligen Kronprinz Wilhelm, der älteste Sohn Wilhelms II., der seit Mitte der Zwanzigerjahre dazu beitrug, die Nationalsozialisten salonfähig zu machen, indem er beispielsweise 1926 Adolf Hitler, gerade aus der Landsberger Haft entlassen, im Schloss Cecilienhof in Potsdam empfing.

Bei der Reichspräsidentenwahl 1932 veröffentlichte der Kronprinz einen Wahlaufruf zugunsten Hitlers und leistete dadurch wie andere Angehörige des Hochadels und bis 1918 regierender Dynastien, unter ihnen beispielsweise der ehemalige Herzog Carl Eduard von Sachsen-Coburg-Gotha, dem Nationalsozialismus erheblichen Vorschub. Die Hoffnungen, die viele Adelige auf den Nationalsozialismus setzten, erfüllten sich nach 1933 individuell in der Stabilisierung von Lebens- und Karriereverläufen, nicht zuletzt im Militär. Aber zur Rekonsolidierung des Adels als gesellschaftliche Gruppe oder gar als Herrschaftsstand trug der Nationalsozialismus nicht bei.

Der unbedingte Machtwille der Nationalsozialisten und ihre Ideologie der Volksgemeinschaft vertrugen sich nicht mit dem politischen, gesellschaftlichen und kulturellen Führungs- und Distinktionsanspruch des Adels. Dennoch gehört der Kampf des Adels gegen Niedergang und Absturz zu den Ursachen des Nationalsozialismus und zu den Bedingungen seiner Machtübernahme 1933.

ECKART CONZE, geboren 1963, ist Professor für Neuere und Neueste Geschichte an der Universität Marburg. Er beschreibt die Familie Bernstorff ausführlich in seinem Buch *Von deutschem Adel. Die Grafen von Bernstorff im 20. Jahrhundert,* München: DVA, 2000 (antiquarisch erhältlich).

Schnelles Wissen

Wie viele adelige Familien gab es?

Um 1815 gab es auf dem Gebiet des späteren Deutschen Reichs 36 regierende Fürstenhäuser, etwa 70 standesherrliche Häuser (hochadelige Familien, die mit der Auflösung des Heiligen Römischen Reichs zwischen 1803 und 1805 ihre Landeshoheit verloren), circa 350 ehemalige Reichsritterfamilien und etwa 28 000 Familien des landsässigen niederen Adels – insgesamt umfasste der Adel etwa 140 000 Personen, 0,4 Prozent davon waren hochadelig. An der Gesamtbevölkerung hatte der Adel einen Anteil von 0,5 Prozent. Je nach Land waren die Zahlen sehr unterschiedlich: Im ostelbischen Preußen zählte man etwa 20 000, in Baden und Württemberg nur 150 beziehungsweise 200 bis 250 Adelsfamilien. 1925 lebten im selben Gebiet nur noch maximal 70 000 adelige Personen. Nun war nur noch etwa 0,1 Prozent der Bevölkerung adelig.

Wie reich waren adelige Familien im 19. Jahrhundert?

Der Adel blieb trotz des Aufstiegs bürgerlicher Industriellenfamilien im 19. Jahrhundert an der Spitze der Vermögenspyramide. Unter den elf reichsten Personen Preußens fanden sich um 1914 sechs Adelige. Das Einkommen der Grafen von Westphalen lag 1825 bei etwa 70 000 Taler jährlich, 1914 betrugen die versteuerten Einnahmen 150 000 Taler (450 000 Mark). Die schlesischen und sächsischen Güter des Fürsten zu Hohenlohe-Oehringen brachten ihm 1828/29 103 000 Taler jährlich ein, bis 1914 stiegen seine Einnahmen auf 2,3 Millionen Taler (7 Millionen Mark). Zum Vergleich: Der durchschnittliche Jahresverdienst eines Arbeiters betrug im Jahr 1914 lediglich 1083 Mark.

»Hüter des Thrones«

Die russische Revolution von 1917 ließ vom Adel nicht viel übrig. Den Rest erledigte er selbst.

Die Warnung, die Fürst Georgi Lwow dem Zaren Nikolaus II. im Februar 1916 zukommen ließ, hätte eindringlicher nicht sein können. Mitten in den Kämpfen des Ersten Weltkriegs richtete der liberale Mann aus altem russischem Adelsgeschlecht einen Hilferuf an den Regenten: »Die Regierung hat Russland in furchtbares Unglück gestürzt. Die Isolierung der Staatsgewalt und die Entfremdung zwischen ihr und dem Volk ist gefährlich, verhängnisvoll.«

Ein Jahr später dankte der Zar ab, Fürst Lwow wurde Premierminister einer provisorischen Regierung. Doch in den Wirren der Russischen Revolution trat er im Juli 1917 zurück. Vier Monate später übernahmen die linksradikalen Bolschewiki unter Wladimir Lenin die Macht. Am 17. Juli 1918 wurde der gefangene Zar Nikolaus und dessen Angehörige aus der Familie der Romanows in Jekaterinburg ermordet.

Die Kommunisten hatten Russlands alten Eliten einen Vernichtungskampf angesagt – und dazu gehörte an vorderer Stelle auch der Adel. Adelige sammelten sich daher im beginnenden Bürgerkrieg ab Dezember 1917 zur Gegenwehr in einer Freiwilligenarmee, genannt »Die Weißen«. Sie kämpften gegen die im Februar 1918 formierte Rote Armee. Schon vor der endgültigen Niederlage der Weißen gegen die Rote Armee flohen mehrere Millionen Russen in den Westen, darunter zahlreiche Adelige. Deutschland, vor allem Berlin, wurde in den Zwanzigerjahren zum Ankerplatz des russischen Adels.

Ein weiteres Zentrum des Exiladels wurde Frankreich. Dort lebte seit 1922 in Antibes bei Cannes in einer Villa an der französischen Riviera Großfürst Nikolai Nikolajewitsch. Der strebte mit Unterstützung des russischen Barons Wrangel auf den vakanten russischen Zarenthron. Die Nikolai-Anhänger wandten sich im Februar 1924 nach Lenins Tod von Berlin aus mit einem Komitee »zur Rettung Russlands« in einem Manifest an ihr Volk. Doch statt zur baldigen »Befreiung des russischen Landes«, die sie versprachen, kam es zu einem bitteren Zwist unter den Blaublütigen. Denn auch Großfürst Kirill Wladimirowitsch, ein Vetter des letzten Zaren, sah sich im sonnigen Nizza als »Hüter des kaiserlichen Thrones«. Nach dem Tod seines Rivalen Nikolai Nikolajewitsch verkündete Kirill Wladimirowitsch im Mai 1929, die Zeit sei reif für eine »neue russische Volksmonarchie«. Er rief die Landsleute auf, »sich um die kaiserliche Standarte zu scharen«.

Abgeschreckt von solchen Auftritten der Exilanten, entschlossen sich manche Adelige zu Rückkehr nach Russland. Der bekannteste von ihnen war Graf Alexei Tolstoi. Der Schriftsteller söhnte sich mit den Revolutionären aus. Er betrachtete sie als Fortsetzer des imperialen Erbes. Die Genossen dankten es dem Adelsmann mit einer Datsche im noblen Moskauer Vorort Barwicha samt Automobil und Chauffeur. Der »Genosse Graf«, wie er auch genannt wurde, erhielt 1941 den »Stalin-Preis« für seinen geschichtsbewussten Roman »Peter der Große«.

Uwe Klußmann

NÜTZLICHE HANDLANGER

Große Teile des Adels kollaborierten mit den Nationalsozialisten. Adelige organisierten als hohe SS-Führer sogar Massenmorde an Juden.

Von Uwe Klußmann

Was sich am 21. März 1933 vor der Potsdamer Garnisonkirche abspielte, machte auf den früheren Kronprinzen Wilhelm von Preußen tiefen Eindruck. Der »Führer« und Reichskanzler Adolf Hitler hatte sich dort verneigt vor dem »ehrwürdigen Herrn Reichspräsidenten« Paul von Hindenburg. Da habe eine »Hochstimmung« geherrscht, schrieb der Kronprinz dem rechtsgerichteten britischen Verleger Lord Rothermere am 20. Juni 1934. Hitler, so der Hohenzoller, habe die Hoffnung geweckt auf eine »Wiedereinsetzung der Monarchie«.

Schon im Juli 1933 hatte der Kronprinz in Lord Rothermeres Zeitung »Sunday Dispatch« eine Hymne auf Hitler publiziert und ihn als Retter vor der »roten Gefahr« gepriesen. Nun legte er in seinem Brief an den Verleger nach: Die »ersten Schritte der neuen Regierung« seien »höchst zufriedenstellend« gewesen. Die Hitler-Regierung habe »Entschlossenheit« erkennen lassen. Als erfreulich kam aus seiner Sicht hinzu: »Die Wiederaufrüstung wurde als Notwendigkeit erkannt.«

Wilhelm von Preußen stand mit seiner Meinung nicht allein. Etliche Adelsfamilien setzten wie er hohe Erwartungen in Hitler. Sie wünschten sich einen starken Führer, der das Land aus den – wie sie es sahen – demokratischen Verirrungen der Weimarer Republik herausführen sollte. Die Nazis allerdings dachten nicht daran, die Monarchie zu restaurieren. Sie wollten mit ihren Parteigenossen eine neue Machtelite schaffen. Zugleich versuchte Hitler, Adelige in sein System einzubinden, um keine Opposition entstehen zu lassen und vor allem ihre verwandtschaftlichen Auslandsbeziehungen zu nutzen.

Die adeligen Hoffnungen auf Hitler hätten auf einem »doppelten Missverständnis« beruht, erläutert der Historiker Stephan Malinowski, der die Beziehungen des Adels zu den Nationalsozialisten detailliert erforscht hat. Weder wollten die Nazis den Adel in seine alten Rechte einsetzen, noch teilten sie dessen Traditionsverständnis. Aus ihrer Sicht war die adelige Oberschicht verantwortlich für »jene Kluft zwischen den breiten Massen des Volkes und der Führungsschicht, an der im Jahre 1918 das kaiserliche Deutschland zerschellt war«, wie es der führende nationalsozialistische Historiker Walter Frank 1941 formulierte.

Adelige, die das nicht durchschauten, machten sich zum nützlichen Handlanger des Regimes. So erging es etwa dem Bruder des Kronprinzen, Prinz August Wilhelm, genannt Auwi, dem vierten Sohn des letzten Kaisers. Er war der NSDAP bereits im April 1930 beigetreten und stieg in deren Sturmabteilung (SA) 1931 zum Standartenführer auf. Die Nazis ließen ihn 1932 bei Wahlkundgebungen gemeinsam mit Hitler auftreten, um alte Kaisertreue anzulocken. Der Trick funktionierte.

Doch der Hohenzollernsprössling war im NS-Staat kaum mehr als ein Statist. Das zeigen auch die Tagebücher von NS-Propagandaminister Joseph Goebbels. Der schrieb 1936, der Kaisersohn sei »ein armer Teufel«. Fünf Jahre später höhnte Goebbels, Auwi sei jemand, der »nicht vor Weisheit überläuft«. Und er werde »in der Partei nicht mehr richtig angesehen«.

Das unterschied Auwi von seinem Vetter, Friedrich Christian zu Schaumburg-Lippe, NSDAP-Mitglied seit 1929. Der eloquente Prinz distanzierte sich vom adeligen Milieu, avancierte zum »Reichsredner« der Partei und im April 1933 zum Adjutanten von Propagandaminister Goebbels. Der ließ den Prinzen im Jahr darauf eine Kampfschrift herausgeben, die scharf gegen den alten Adel polemisierte. Darin hieß es, der Adel mit seiner »morschen Kastengesinnung« habe »sich zu Tode blamiert«, insgesamt »völlig versagt« und »als Stand keine Existenzberechtigung mehr«.

Wenig Schmeichelhaftes über die Blaublütigen hatte Adolf Hitler bereits 1924/25 in »Mein Kampf« geschrieben. Darin attestierte er dem Adel »Blutsvergiftung« und »völlige Degeneration«: In Adelskreisen gelte »jede Warenhausjüdin als geeignet, die Nachkommenschaft seiner Durchlaucht zu ergänzen«. Doch derartige Hetze rief im Adel keineswegs allgemeine Empörung hervor. Die Deutsche Adelsgenossenschaft (DAG), die in den Zwanzigern mit bis zu 17 000 Mitgliedern rund 20 Prozent des Adels umfasste, hatte sich bereits 1920 einen »Arierparagrafen« gegeben. Darin hieß es, wer »zu mehr als einem Viertel anderer als arischer Rasse entstammt«, könne nicht Mitglied werden. Für diese Regelung hatten sich vor allem pommersche Adelige engagiert, die moniert hatten, der Adel sei »bereits stark verjudet«. Antisemitische Ausfälle

»gegen Juden und Judengenossen« gehörten in der DAG schon in den Jahren vor 1933 zum Standard.

Rassenideologie und Antibolschewismus bildeten die Schnittmenge zwischen traditionell deutschnationalen Adeligen und Nazis. Dennoch schloss sich der NSDAP bis Anfang der Dreißigerjahre nur eine kleine Minderheit von Adeligen an. Die aber machten bald Karriere. Zu ihnen gehörten Erhard Graf von Wedel, der unter Hitler zum bevollmächtigten Minister im Auswärtigen Amt aufstieg, und Wolf-Heinrich von Helldorf. Durch Wettschulden und einen verschwenderischen Lebensstil als Frauenheld war Helldorf, Spross sächsischen Uradels, 1931 bankrott. Und stürzte sich nun ganz in die Politik. Nach der »Machtübernahme« avancierte der Abenteurer zum Polizeipräsidenten von Berlin. Goebbels schätzte den rabiaten Antisemiten, der ihm bereits im Juni 1938, ein halbes Jahr vor dem Novemberpogrom, die »Heraustreibung der Juden aus Berlin« versprach.

Mit dem Aufstieg der NSDAP zur Massenpartei ab 1930 wuchs in Adelskreisen das Interesse an Hitler. Und auch Hitler bemühte sich nun um Unterstützung in aristokratischen Kreisen. Erzkonservative Rittergutsbesitzer hatten jahrelang gefürchtet, die Nationalsozialisten wollten ihnen ihre Güter nehmen. Anlass dafür war Punkt 17 des »unabänderlichen« NSDAP-Programms. Der forderte eine »unseren nationalen Bedürfnissen angepasste Bodenreform« samt einem »Gesetz zur unentgeltlichen Enteignung von Boden für gemeinnützige Zwecke«.

In einer Runde mit Gutsherren beteuerte Adolf Hitler im Januar 1931, er habe »nie und nimmer auf eine Zerschlagung oder Enteignung größerer Güter« abgezielt. Mehr noch: Er hatte bereits 1928 erklärt, der Passus zur unentgeltlichen Enteignung richte sich »in erster Linie gegen die jüdischen Grundstücksspekulationsgesellschaften«.

Die Beschwichtigungen wirkten: Der Historiker Stephan Malinowski hat in seiner Studie »Vom König zum Führer« nachgewiesen, dass die NSDAP von 1930 an »massive und ständig zunehmende Unterstützung« aus dem ostelbischen Gutsbesitzeradel erhielt. Malinowski hat in der NSDAP mindestens 3592 Adelige ausgemacht. 26,9 Prozent von ihnen traten vor 1933 bei.

Schulterschluss: Hitler, hier im März 1933 in Potsdam mit Kronprinz Wilhelm, suchte zu Beginn seines Regimes die Nähe zu den alten Eliten.

Einen Durchbruch für die Nazis brachte der Adelstag in Münster im Juni 1932, die Vollversammlung der DAG. Einstimmig wählten die Anwesenden Adolf Fürst zu Bentheim-Tecklenburg-Rheda zum Adelsmarschall, wie der Vorsitzende der DAG betitelt wurde. Dazu trug auch das Credo bei, mit dem er sich präsentierte: »Mit elementarer Gewalt ringt die nordische Seele in unserem Volke mit den artfremden Mächten, die westlerische, undeutsche Demokratie uns beschert hat.«

Fürst Bentheim, Chef einer alten standesherrlichen Familie, grüßte schon ab April 1932 schriftlich mit »Sieg Heil und Front Heil«. Im Frühjahr 1933 bemühte er sich um eine Audienz bei Hitler, damit er »die Gefolgschaftstreue des deutschen Adels zum Ausdruck bringen« könne. Hitler empfing ihn am 22. Juni 1933 und gab sich konziliant: Der Adel sei durch die »jetzt noch in ihm ruhende Erbmasse« eine »Realität, die kein Staatsmann übersehen könne«.

Die DAG bestand fortan weiter, blieb aber einflusslos. Das Regime behandelte sie nicht als Verhandlungspartner. Nicht als Stand, sondern als Individuen sollten Adelige dem NS-System dienen. Dabei fanden die Nazis im protestantischen Kleinadel weit mehr Resonanz als im Hochadel und im katholischen Adel. Denn der wurde wie viele Katholiken von der Rassendoktrin abgestoßen.

Wachsende Bedeutung bekam der Adel von 1933 an für die Außenpolitik des Regimes. Eine Schlüsselrolle nahm dabei Carl Eduard Herzog von Sachsen-Coburg und Gotha ein. Der letzte regierende Herzog seines Sprengels war ein Enkel der britischen Königin Victoria, geboren 1884 in der Grafschaft Surrey südwestlich von London. Mit 15 Jahren war er nach Deutschland gekommen. Ansehen im Hochadel gewann er, nachdem er im Schloss Glücksburg bei Flensburg mit 21 Jahren eine Nichte der deutschen Kaiserin Auguste Viktoria geheiratet hatte. Während des Ersten Weltkriegs war er General der Kavallerie und der Infanterie gewesen. Dass ihn im November 1918 ein Arbeiter- und Soldatenrat unter roten Fahnen für abgesetzt erklärte, traf ihn schwer. Daher war er durch Hitler ansprechbar, den er 1922 kennengelernt hatte. Dies beschreibt die Historikerin Karina Urbach in ihrem 2016 erschienenen Buch »Hitlers heimliche Helfer«, in dem sie die Beziehungen des Adels zum NS-Regime untersucht. Für die NSDAP trat der Herzog von Coburg von 1929 an öffentlich auf, früh genug, um im Juli 1933 zum SA-Gruppenführer ernannt zu werden.

Der »Führer« träumte von einer deutsch-britischen Allianz gegen die Sowjetunion. Und so war Coburg für ihn vor allem wegen dessen Verwandtschaft in Großbritannien interessant. Eduard VIII. war Coburgs Cousin zweiten Grades. Mit ihm stand er in regem Kontakt. Eduards Mutter, Queen Mary, stammte aus dem deutschen Hause Teck. Hitlers Feindschaft gegenüber dem Kommunismus und gegenüber der Sowjetunion als geopolitischem Erzfeind Britanniens, aber auch seine Verbeugungen vor dem »germanischen« Brudervolk machten Eindruck auf das Haus Windsor.

Doch das Verhältnis der Nazis zu Eduard war zynisch, wie im Tagebuch von Propagandaminister Goebbels dokumentiert ist: Der sei »kein ganzer Mann, aber ein liebenswerter Charakter«. Eduard sei »tatsächlich etwas verrückt« und zudem »dekadent, taktlos und eben etwas übergeschnappt«. Um effektiver auf die Briten einzuwirken, machten die Nationalsozialisten den Herzog von Sachsen-Coburg 1936 zum Präsidenten der Vereinigung deutscher Frontkämpferverbände. Der Verband pflegte Kontakte zur British Legion, die Coburgs Vetter Eduard führte.

Als die Wehrmacht im März 1936 das durch den Versailler Vertrag entmilitarisierte Rheinland besetzte, reiste der Herzog von Coburg zu seinem britischen Cousin und warb um Verständnis für diesen Schritt des »Führers«. Parallel dazu versuchte Hitler, auch andere Adelsverbindungen zu nutzen. Geschickt instrumentalisierten die Nationalsozialisten etwa die enge Beziehung der durch Heirat zur Prinzessin avancierten Stephanie von Hohenlohe zum britischen Pressemagnaten Lord Rothermere.

Prinzessin Hohenlohe wird in zahlreichen Publikationen als »Hitlers Spionin« oder »Geheimagentin« bezeichnet. Doch sie hatte weder eine geheimdienstliche Anbindung, noch hat sie je eine nachrichtendienstliche Ausbildung erhalten. Ihre Rolle war die einer inoffiziellen Mittlerin – ihre Netzwerke nutzte sie für die Nazis.

Der Verleger Lord Rothermere erlag dem Charme der gebürtigen Wienerin. Kronprinz Wilhelm verschaffte ihr Ende 1933 eine Audienz bei Hitler. Der gab ihr einen Brief an Lord Rothermere mit. Darin dankte der Diktator dem Lord für die »zielführende journalistische Unterstützung« seiner Politik. Und er beteuerte, er betreibe eine »wahre europäische Friedenspolitik«. Die freundschaftliche Beziehung zwischen der Prinzessin von Hohenlohe, die den »sehr verehrten Herrn Reichskanzler« schon mal einen »charmanten Hausherrn« nannte, und dem »Führer« setzte sich bis 1938 fort. Hitler strich ihr bisweilen über das Haar und kniff sie freundschaftlich in die Wange, sein Adjutant Fritz Wiedemann begann ein Verhältnis mit der Prinzessin. Doch Ermittlungen des SS-Gruppenführers Reinhard Heydrich brachten die Faszination der Nazigrößen zum Erlöschen. Nach Einschätzung der SS war die Prinzessin, geboren als Stephanie Richter in Wien, eine »Halbjüdin«. Ihr Liebhaber Wiedemann, blamiert durch eine Liaison mit einer »Nichtarierin«, wurde im Januar 1939 aus der Reichskanzlei entlassen.

In Hitlers Vision von einem britisch-deutschen Bündnis hatten die Adelsverbindungen ohnehin nicht weitergeführt. Das zeigte sich bereits, als Eduard VIII. im Dezember 1936 abdankte. Offiziell spielte seine unstandesgemäße Beziehung zu

Glamour: Sie wurde durch eine Heirat zur Prinzessin: Stephanie von Hohenlohe (hier 1932) nannte Adolf Hitler schon mal einen »charmanten Hausherrn«.

der geschiedenen Amerikanerin Wallis Simpson die Hauptrolle. Doch er war auch wegen seiner Haltung gegenüber Hitler unter Druck geraten. Im September 1939 zerstoben endgültig alle Hoffnungen des deutschen Diktators auf einen Deal mit den Briten, als das Empire dem Reich wegen des Überfalls auf Polen den Krieg erklärte.

Im Verhältnis zwischen Adel und Regime kamen nun traditionelle Rollen zum Tragen. In der Wehrmacht besetzten Adelige Schlüsselfunktionen. Während der Weimarer Republik lag der Anteil adeliger Offiziere konstant bei mehr als 20 Prozent. Dagegen stieg bei den Offiziersanwärtern der Anteil seit 1929 und erreichte 1932 den Höchststand von 35,9 Prozent. Zu den Blaublütern in Hitlers Truppe gehörten Erich von Manstein, Gerd von Rundstedt und Walter von Reichenau, die beim Überfall auf Polen und im Vernichtungskrieg gegen die Sowjetunion führend beteiligt waren.

Wie sich dabei die Reste des adeligen Ethos verflüchtigten, dokumentiert ein Befehl (»Geheim«) des Generalfeldmarschalls von Reichenau vom 10. Oktober 1941. Darin hieß es, der Soldat »im Ostraum« sei »Träger einer unerbittlichen völkischen Idee«. Daher müsse er für die »Notwendigkeit der harten, aber gerechten Sühne am jüdischen Untermenschentum volles Verständnis haben«.

Während des Krieges waren Adelige, vor allem aus dem Kleinadel, dem NS-Regime auch führend in der SS zu Diensten. 1938 waren 8,4 Prozent der SS-Standartenführer, 9,8 Prozent der Gruppenführer und 18,7 Prozent der Obergruppenführer Adelige.

Die Pläne der SS zum Genozid an den slawischen Völkern, zynisch »Ostkolonisation« genannt, und das SS-Konzept eines »Sippenordens« zogen vor allem ostelbische Adelige an. So gehörte zu den adeligen höheren SS-Führern Ludolf-Hermann von Alvensleben, der zeitweilige Adjutant des Reichsführers SS Heinrich Himmler. Er befahl Massenexekutionen auf der von den Deutschen besetzten Halbinsel Krim am Schwarzen Meer.

Mitverantwortlich für Erschießungen mehrerer Tausend polnischer Zivilisten im besetzten Polen war SS-Obergruppenführer Udo von Woyrsch, der zum persönlichen Stab des Reichsführers SS gehörte. Schuldig am Tod Tausender Zivilisten, Juden und vermeintlicher Partisanen in der besetzten Ostukraine war auch SS-Gruppenführer Georg Graf von Bassewitz-Behr. Während Graf von Bassewitz im Raum Dnjepropetrowsk morden ließ, zog SS-Obergruppenführer Curt von Gottberg eine Blutspur durch das besetzte Weißrussland. Sein Vorgehen brachte der pommersche Adelige in einem Befehl im Dezember 1942 auf die Formel: »Als Feind anzusehen ist jeder Bandit, Jude, Zigeuner.«

In diesem Sinne handelte auch SS-Obergruppenführer Erich von dem Bach-Zelewski, den Himmler zu seinem »Bevollmächtigten« für die »Bandenbekämpfung« ernannte – eine Chiffre für Massenmorde im besetzten europäischen Osten unter dem Vorwand der Partisanenbekämpfung. Hitler sagte über Bach-Zelewski, dieser könne »für die schwierigsten Sachen« eingesetzt werden. Daher erhielt der adelige SS-Obergruppenführer im August 1944 den Befehl, den Aufstand in Warschau gegen die deutschen Besatzer niederzuschlagen. SS-Truppen erschossen dabei Tausende Zivilisten.

Doch der Adel war politisch keine einheitliche Formation. Das zeigte sich in der Endphase des NS-Regimes. Nach der Schlacht von Stalingrad 1943 mehrten sich in adeligen Kreisen Zweifel am »Führer«. Nun wurde immer deutlicher, dass Deutschland dabei war, den Krieg zu verlieren. Die Rückzüge an der Ostfront und aus Nordafrika verstärkten in adeligen Offizierskreisen die Angst vor einer Niederlage.

Der Offizier Claus Graf Schenk von Stauffenberg sprach davon, es drohe die »Vernichtung der materiellen und blutsmäßigen Substanz des deutschen Volkes«. Auch deshalb entschloss sich Stauffenberg mit zahlreichen Mitverschwörern innerhalb und außerhalb der Wehrmacht am 20. Juli 1944 zu einem Attentat auf Hitler und einem Putsch. Unter den Verschwörern waren viele Adelige. Etwa 50 der 150 wegen des 20. Juli Hingerichteten stammten aus adeligen Familien. Hohenzollern waren nicht darunter. Zum Widerstandskreis zählten Generäle wie Generalfeldmarschall Erwin von Witzleben und Diplomaten wie Friedrich-Werner Graf von der Schulenburg, bis Juni 1941 Botschafter in Moskau, oder Ulrich von Hassell, langjähriger Botschafter in Rom. Das brachte in Westdeutschland nach dem Krieg die Deutung hervor, der Adel als Schicht habe Widerstand gegen die Nazis geleistet. Ein Mythos: Der Marburger Historiker Eckart Conze weist in dem Band »Adel und Bürgertum in Deutschland« darauf hin, dass es »nur winzig kleine adelige Personengruppen« gab, die sich von Anfang an »kompromisslos gegen Hitler stellten«. Vor allem waren dies mit bürgerlichen Frauen verheiratete Adelige.

Nach dem gescheiterten Anschlag des Grafen von Stauffenberg riss für einen Moment ein Graben auf zwischen der NS-Elite und dem Adelsmilieu. Robert Ley, NSDAP-Reichsleiter und Chef der »Deutschen Arbeitsfront«, wetterte Ende Juli in einer Rede vor Arbeitern eines Berliner Metallbetriebs, die auch im Rundfunk gesendet wurde, brachial gegen die alte Elite. Ley tönte gegen »Reaktionäre« und »die Adelsclique«. Diese sei »degeneriert bis in die Knochen, blaublütig bis zu Idiotie, bestechlich bis zur Widerwärtigkeit«. Und er drohte: »Dieses

Geschmeiß muss man ausrotten, mit Stumpf und Stiel vernichten.« Propagandaminister Goebbels war entsetzt. Mit »widerlichen Hass- und Wutausfällen gegen alles, was adlig ist«, habe Ley »wie der Elefant im Porzellanladen gewütet«, notierte der Propagandist in seinem Tagebuch. Goebbels bestellte den Polterer Ley ein und zwang ihn, sich für die Ausfälle zu entschuldigen. Am 26. Juli 1944 schrieb Goebbels, es sei auch Hitlers Ansicht, »dass keine Adelshetze stattfinden soll« und »immer wieder betont werden muss, dass unser Heer vollkommen intakt ist«.

Hitler und Goebbels wussten, dass sich ihr Regime auf Tausende adelige Offiziere in Wehrmacht und Waffen-SS verlassen konnte. So hatte es Adelsmarschall Fürst Bentheim im März 1933 versprochen, als er gelobte, »der reinblütige deutsche Adel« werde entweder mit Hitler »die nationale Revolution gewinnen« oder sich »mit Ehren unter ihren Trümmern begraben lassen«.

Schnelles Wissen

Warum spricht man vom »Haus Hohenzollern«?

Ab etwa 1500 bürgerte sich der Begriff »Haus« als Bezeichnung für das ein, was wir heute »Dynastie« nennen: die viele Generationen umfassende Abstammungskette eines Adelsgeschlechts, bei der die Familienzugehörigkeit in der Regel über die männliche Linie vererbt wird. Auch die Herrschaftsrechte, die von dieser Verwandtschaftsgruppe ausgeübt wurden, waren mitgemeint. Der Begriff entstand in einer Zeit der Selbstvergewisserung des Adels, nun wurden in fast allen Rangstufen lange Abstammungslinien mit zum Teil mythischen Wurzeln konstruiert, von den Mitgliedern eines Hauses erwartete man Kenntnisse über die »Hausgeschichte«. Mit der Zeit wurden verschiedene Zweige der Abstammungslinie mit tatsächlichen »Häusern« in Verbindung gebracht, in der Realität Schlösser oder Burgen: So entstanden im »Haus Askanien« der Fürsten von Anhalt beispielsweise 1609 die Linien Anhalt-Bernburg, Anhalt-Dessau, Anhalt-Köthen und Anhalt-Zerbst.

SITZ!

Hunde gehören zur adeligen Selbstdarstellung dazu. Einige wurden europaweit berühmt.

Von Anke Wellnitz

Wer historische Bilder aus dem Adel ansieht, entdeckt – neben Pferden – erstaunlich viele Hunde. Schon auf barocken Ölgemälden sitzen sie dekorativ neben ihren aristokratischen Besitzern. Vielleicht weil man an ihnen das Befehlen so gut üben kann?

Noch als Königin Elisabeth II. von England 2012 zur Eröffnung der Olympischen Spiele einen selbstironischen Imagefilm mit »James Bond« (Daniel Craig) drehte, spielte ein Hund mit: ein kurzbeiniger Welsh Corgi, lange so etwas wie das inoffizielle Wappentier der Queen.

1933 hatte Papa Georg den ersten dieser walisischen Hütehunde mit nach Hause gebracht und ihn seinen Töchtern Elisabeth und Margaret geschenkt. Eine Liebe fürs Leben begann: 85 Jahre lang streiften die Hunde durch den Buckingham Palace. Die Rasse war ungewöhnlich, weitaus gängiger in

Adels- und Königshäusern waren Jagdhunde. Der Besitz irischer Wolfshunde, eingesetzt für die Jagd auf Großwild und Wölfe, war sogar lange Zeit dem hohen Adel vorbehalten. Eine derartige Funktion brauchten die Vierbeiner an Elisabeths Seite nicht mehr zu erfüllen, sie züchtete sie, es waren ihre manchmal bissigen Begleiter. Die Angriffe auf das Personal sind verbrieft.

Wehrhaft inszenierte sich auch der deutsche Reichskanzler Otto von Bismarck, ein Doggennarr: Die Hunde begleiteten ihn seit seiner Jugend in Kniephof (heute Konarzewo), dem Familiengut in Pommern. 1874 bekam Bismarck die Dogge Sultan als Leibwächter vom bayerischen Grafen von Holnstein geschenkt. Aus diplomatischen Gründen wurde der Hund fortan Sultl gerufen – man wollte das Osmanische Reich nicht verärgern.

Für einen außenpolitischen Krisenmoment sorgte dann aber eine andere Dogge des Kanzlers: Tyras. 1878 verhandelte Bismarck mit dem russischen Außenminister Fürst Alexander Michailowitsch Gortschakow, es ging um eine neue Ordnung für Südosteuropa und einen direkten Zugang Russlands zum Mittelmeer. Ob die Unterhaltung zu laut wurde oder einer der Verhandlungspartner zu wild gestikulierte, ist nicht überliefert, doch offenbar sah Tyras einen Grund, seinen Herrn zu verteidigen: Das Tier fiel über den russischen Gesandten her. Dieser hatte Glück und kam mit einem Schock und einer zerfetzten Hose davon.

Tyras wurde durch den Vorfall so berühmt, dass die Nachricht seines Todes später durch die ganze Welt gekabelt wurde. In Deutschland wurden Bismarcks Wadenbeißer fortan »Reichshunde« genannt. Seine letzte Ruhe fand Tyras auf Bismarcks Landgut bei Köslin (heute Koszalin).

Willow, der letzte Pembroke Welsh Corgi der Queen, starb

Brav: Reichskanzler Otto von Bismarck im Jahr 1884 mit Dogge Tyras.

im April 2018. Er war in 14. Generation auf ihre erste Hündin Susan zurückzuführen. 2009 hatte die Monarchin erklärt, sie beende die Zucht. Sie wolle keine Corgis allein zurücklassen.

Die Fugger

Profit und Seelenheil

Schon bei seiner Ankunft in Augsburg 1367 zahlte der Weber Hans Fucker, wie sich der Stammvater des schwäbischen Fugger-Geschlechts aus der ländlichen Gemeinde Graben noch schrieb, eine Steuer von 44 Pfennigen, was für damalige Verhältnisse auf ein ordentliches Startkapital schließen lässt. Für den Aufstieg der Familie in der Reichsstadt am Lech sorgte vor allem auch Hans' zweite Frau Elisabeth, die nach seinem Tod innerhalb von 25 Jahren den Besitz verdoppelte. 1448 verfügten die Tuchhändler über das fünftgrößte Vermögen der Stadt. Neben dem »gewaltigen handel mit Specereien, Seiden, vnd wullin gewand« betätigten sich die Kaufleute zunehmend im Finanzgeschäft, verliehen große Summen an klamme Kirchenfürsten, Könige und Kaiser. Die Habsburgermonarchie hatte ihren Aufstieg nicht zuletzt dem unermüdlichen Sponsoring der Augsburger Handelsfirma zu verdanken.

Die Fugger verließen sich nicht darauf, ihre Darlehen irgendwann mit Zinsen zurückgezahlt zu bekommen (oder nicht), sie kassierten im Gegenzug wertvolle Rechte am Abbau von Gold, Silber und Kupfer und ließen sich mit Insignien und Privilegien der Oberschicht ausstatten: 1473 gab es von Kaiser Friedrich III. ein Wappen mit Lilie, 1530 die Beförderung in den erblichen Reichsgrafenstand.

Jakob Fugger, ein Virtuose auf der Klaviatur des Frühkapitalismus, bemühte sich, seine Geschäftsprofite durch gute

Werke wettzumachen: Der gottesfürchtige Fugger-Chef und seine Nachfolger investierten massiv ins Soziale, Klerikale und Kulturelle, spendeten hier ein Altargemälde, dort eine Orgel und erwarben im Gegenzug die eine oder andere Familiengruft – Kapitalanlagen fürs ewige Leben. Diesseits des Fegefeuers heirateten sich die ambitionierten Unternehmer systematisch nach oben. Im 20. Jahrhundert hatten sie es bis in den Hochadel geschafft.

650 Jahre nach dem Start betreiben drei Familienlinien – Fugger von Glött, Fugger Kirchberg und Fugger-Babenhausen – neun Stiftungen, 3200 Hektar Forstwirtschaft und diverse unternehmerische Aktivitäten. Ein Fugger-Musical, Konzerte und Vortragsreihen sowie ein Historiker-Slam künden in Augsburg bis heute vom Ruhm der Stifter.

»WIR WURDEN NIE VERBOGEN«

Hubertus Fürst und Alexander Erbgraf Fugger-Babenhausen, Vater und Sohn aus der berühmten adeligen Kaufmannsdynastie, diskutieren über das Vermächtnis ihrer Vorfahren, Erfolg und gesellschaftliche Verantwortung des Adels.

Ein Interview von Bettina Musall

Sie halten sich aus der Klatschpresse und aus den sozialen Netzwerken heraus. Seit ihrem Aufstieg vom Kaufmanns- in den Adelsstand vor fast 500 Jahren arbeiten die Augsburger Fugger an ihrem Ruf als soziale Wohltäter – und an der Vermehrung ihres Vermögens. Einem SPIEGEL-Gespräch stimmten sie zu, weil der Text grundsätzlich autorisiert wird.

SPIEGEL: Meine Herren, wie dürfen wir Sie ansprechen?
Fürst Fugger: Hier zu Hause werde ich mit Durchlaucht und mein Sohn wird mit Erlaucht angesprochen. Aber ansonsten sind wir Fürst und Graf Fugger. Diese Anreden sind ja ohnehin ziemlich unhandlich.

SPIEGEL: Fürst Fugger, Sie sind in den Fünfzigern aufgewachsen. Was mussten Fugger-Kinder, abgesehen von der Schule, zu Ihrer Zeit lernen?
Fürst Fugger: Gehorsam.

SPIEGEL: Klingt wenig lustig.
Fürst Fugger: Ich hatte den Vorteil, dass ich in Babenhausen auf dem Dorf aufgewachsen bin und ein Leben wie Tom Sawyer und Huckleberry Finn führen konnte. Ich ging da zur Volksschule und konnte mit meinen Spezis meistens unter dem Radar meines ehrgestrengen Vaters rumtoben. Meine Seele ist immer noch da draußen.

SPIEGEL: Aber zu den väterlichen Erziehungszielen gehörten sicher noch andere Dinge?
Fürst Fugger: Boxen, Reiten, Schießen, Jagen gehörten absolut zum Programm. Ich habe mich schon früh für die Jagd interessiert. Reiten war für mich dagegen immer vorn gefährlich, hinten gefährlich, in der Mitte unbequem, wie Mark Twain gesagt hat.

SPIEGEL: Welche Rolle hat Ihre Mutter gespielt?
Fürst Fugger: Sie war immer wunderschön und vielleicht etwas unterkühlt, sie kam aus einer schwedischen Familie. Die Erziehung wurde delegiert an das Kindermädchen.

SPIEGEL: Und das durfte auch strafen?
Fürst Fugger: Sie und mein Vater. Das war dann manchmal schmerzhaft. In der Schule wurde ab und zu mit Bambusstöckchen gestraft. Aber das hat mir nicht geschadet. Heute wäre das unmöglich.

SPIEGEL: 1968 waren Sie 22. Wie und wo haben Sie die Zeit der Studentenunruhen erlebt?
Fürst Fugger: Ich wurde mit zehneinhalb Jahren in die Schweiz geschickt, ins Internat. Ich fand's prima, denn es gab viel Sport. Man war dadurch natürlich wirklich weg. Dort war ich immerhin acht Jahre. Nach der Bundeswehr habe ich in St. Gallen studiert und danach gleich hier im Betrieb gearbeitet, weil mich mein Vater wegen seiner schlechten Gesundheit gerufen hat.

SPIEGEL: In den Siebzigerjahren sind Sie nach Amerika gegangen, mit Ihrer Frau und fünf Kindern. Was haben Sie von den Amerikanern gelernt?
Fürst Fugger: Einen sehr viel weiteren Horizont als zuvor. Und eine große Faszination für die Möglichkeiten, die die dortige Gesellschaft – ausgenommen in der jüngeren Zeit – jedem bietet. Die Kinder sind drüben in den Kindergarten, in die Schule und ins College gegangen.

SPIEGEL: Graf Fugger, Sie sind 37 Jahre alt, an welche Erziehungsmaßnahmen können Sie sich erinnern?
Fürst Fugger: Maßnahmen?!

Graf Fugger: Ja, deswegen zögere ich. Das Positive ist vielleicht, dass mir keine konkreten Maßnahmen einfallen. Ich denke unheimlich gern an meine Kindheit zurück, mit meinen vier Geschwistern. Wir hatten eine Mordsgaudi und waren und sind sehr eng mit unseren Eltern. Wir wurden nie in eine Richtung verbogen.

Fürst Fugger: Ich wollte ja auch nicht unbedingt da weitermachen, wo es bei mir und meinen Geschwistern mit der Strenge der vorangegangenen Generation aufgehört hatte.

SPIEGEL: Fürst Fugger, unter Ihren Ahnen gibt es viele überaus erfolgreiche Männer …

Fürst Fugger: … und Frauen!

SPIEGEL: Gibt es jemanden, den oder die Sie sich zum Vorbild genommen haben?

Fürst Fugger: Mir gefällt der Anton Fugger sehr gut. Er ist von seinem Onkel ausgesucht worden, das Unternehmen zu übernehmen, weil der meinte, Anton sei der Fähigste.

SPIEGEL: Der Onkel war der berühmte Jakob Fugger, genannt der Reiche. Er trat 1473 mit 14 Jahren in das Familienunternehmen ein.

Fürst Fugger: Und Anton übernahm Ende 1525, in einer Zeit, in der es politisch große Umbrüche gab: Die Reformation, die Türkenkriege, der Amerikahandel, die Spanier in Südamerika, das waren alles Kräfte, die auf die Firma wirkten.

SPIEGEL: Was zeichnet Anton aus?

Fürst Fugger: Er hatte ein großes diplomatisches Geschick. Nur ein Beispiel: Nachdem Kaiser Karl V. 1547 den Schmalkaldischen Krieg gegen die protestantischen Reichsstädte, darunter Augsburg, gewonnen hatte, wehrte Anton gemeinsam mit anderen Handelsherren Strafmaßnahmen gegen seine Heimatstadt ab.

Graf Fugger: Man muss sich das mal vorstellen: Die Firma

lebte vom Handel, vor allem mit Textilien, Silber und Kupfer. Aber Anton durchschaute früh die Entwicklung am Rohstoffmarkt. Bemerkenswert, diese Weitsicht zu haben: Da ändert sich was politisch, im Risikoprofil des Unternehmens, da muss ich gegensteuern, mit einer langfristigen Strategie in Grund und Boden, in Herrschaften investieren. Das ist beeindruckend. Gleichzeitig war er ein neugieriger, kulturaffiner Humanist, ein intelligenter, belesener Mann.

SPIEGEL: Anton Fugger konnte auf einem Vermögen aufbauen, das sein Onkel zwischen 1511 und 1525 von knapp 200 000 auf zwei Millionen Gulden vermehrt hatte. Was hat Jakob besser gemacht als seine Mitbewerber?
Fürst Fugger: Er hat früh im Ausland, in Italien, Erfahrungen gesammelt, er hat selbst trotz des Reichtums ziemlich bescheiden gelebt. Wahrscheinlich hat ihm persönlich auch geholfen, dass er letztlich zum alten Glauben gehalten hat.

Graf Fugger: Sicher war er auch so erfolgreich, weil er schon früh überlegt hat, wie er den Bürgern von seinem Reichtum etwas zurückgeben kann. Er hat jungen Männern aus seinen Herrschaften mit Stipendien das Studieren ermöglicht. Und er hat Kunst, Musik, Architektur der italienischen Renaissance diesseits der Alpen imposant umgesetzt.

Fürst Fugger: Er war ein begnadeter Netzwerker. Das war Teil seines Genies. Engste Kontakte zu knüpfen zur Kirche, zu den regierenden Habsburgern und in den Adel hinein.

SPIEGEL: Die Fugger waren Kaufleute, die als Kaiser- und Königsmacher galten. Wie war das möglich?
Fürst Fugger: Nehmen Sie den Habsburger Maximilian I., der war ein reisender Imperator ohne Vermögen. Als er 1477 Maria

Vorbild: Anton Fugger (1493 bis 1560), »Fürst der Kaufleute«, knüpfte Verbindungen in höchste politische und kirchliche Kreise in einer Weise, bei der man heute über Korruption diskutieren würde. Seinerzeit war das übliches Geschäftsgebaren.

von Burgund heiraten wollte, konnte er sich keine angemessene Hochzeitsausstattung leisten. Die Fürsten waren angewiesen auf erfolgreiche Kaufleute. Es passte, dass Jakob und Maximilian gleichaltrig waren und Maximilian oft nach Augsburg kam.

Graf Fugger: Das macht diese Zeit für mich so spannend. Da etabliert sich eine Unternehmerfamilie in Augsburg und gewinnt einen einflussreichen Kunden, den König, den sie vorfinanzieren muss. Durch das Kreditgeschäft entsteht eine Abhängigkeit auf Gegenseitigkeit. Denn umgekehrt bot sich natürlich die Chance politischer Einflussnahme für den Unternehmer.

SPIEGEL: Und die Gelegenheit, selbst sozial aufzusteigen. Die erste Gegenleistung für die Finanzierung der Hochzeit Maximilians I. war das Familienwappen.

Fürst Fugger: Und nachdem Maximilian sich selbst zum Kaiser proklamiert hatte, ernannte er Jakob höchstpersönlich zum Reichsgrafen im lehensrechtlichen Sinn. Das war nach 1507.

SPIEGEL: Warum brauchte so ein reicher und einflussreicher Mann einen Adelstitel?

Fürst Fugger: Jakob und Anton verlegten sich zunehmend darauf, Landbesitz zu erwerben, der auch mit alten Herrschaftsrechten einherging. Aber die alten Adelsfamilien und ihre Herrschaften hätten diese, nun ja, Neureichen gar nicht ernst genommen, wenn die plötzlich einen Herrschaftsanspruch anmelden. Da musste unsere Familie zeigen, dass sie dazugehörte, indem sie lehensrechtlich eine höhere Stufe erhielt.

SPIEGEL: 1530 wurde Anton Fugger dann in den erblichen Reichsgrafenstand erhoben. Was veränderte sich dadurch für die Familie?

Fürst Fugger: Antons Kinder heirateten sehr dezidiert in Adelsfamilien hinein. So wurden sie auch unabhängig von ihrer Person akzeptiert.

SPIEGEL: Welche Privilegien waren sonst noch mit dem Adelstitel verbunden?
Fürst Fugger: Eine teilweise Befreiung von der Augsburger Gerichtsbarkeit, das Jagdrecht und das Recht, Münzen zu prägen. Diese Rechte waren aber nicht an die Person geknüpft, sondern an den Besitz ihrer Herrschaften.

SPIEGEL: Und der Kaiser nobilitierte die Fugger, weil er ihr Geld für seinen nächsten Feldzug wieder brauchte?

Fürst Fugger: Es war vielmehr so, dass die Nobilitierung auf den Pfandbesitz gründete, den er ihnen für den Kredit von 50 000 Gulden für die Kaiserkrönung gab. Jakob hat sich auch politisch zu Wort gemeldet. Als Maximilian I. auch noch Papst werden wollte, hat er ihm das ausgeredet.

SPIEGEL: Karl V. wäre ohne Jakob Fugger nicht zum König und Kaiser geworden. Jakob zahlte den Kurfürsten, die den König wählen sollten, 1519 über eine halbe Million Gulden, um die Wahl des Habsburgers sicherzustellen. Heute würde man das Bestechung nennen.
Fürst Fugger: Damals war das anders, die Kurfürsten meldeten einen Anspruch auf finanzielle Unterstützung an. Sie brauchten Geld für ihren eigenen Einflussbereich, mussten ihre Infrastruktur und vieles andere finanzieren. Die schauten, von welchem Kandidaten sie ihr Geld bekamen. Das war ein Austausch von Verbindlichkeiten …

Graf Fugger: … das waren im Grunde Finanzhaushaltsverhandlungen …

Fürst Fugger: … in dem Fall war der Konkurrent der französische König Franz I. Hätte er sich durchgesetzt, dann würden wir hier heute alle Französisch sprechen.

SPIEGEL: Waren die Beziehungen der Fugger zu Königen und Kaisern rein geschäftlicher Art, oder gab es auch private Kontakte?
Fürst Fugger: Sicher überwiegend geschäftlich. Aber wenn Sie zum Beispiel Jakobs Schreiben von 1523 nehmen, in dem er den Kaiser darauf hinweist, dass er jetzt langsam mal seine Schulden bezahlen solle, schließlich habe er ihm seine Wahl zu verdanken, war das gesellschaftlich eigentlich eine Ungeheuerlichkeit. Es gab da also wohl schon persönliche Beziehungen. Die Herrschaften haben ja auch hier in Augsburg häufig bei uns über Monate gewohnt und uns die Rechnungen für ihre Gelage geschickt.

SPIEGEL: Jakob und Anton Fugger waren gottesfürchtige Katholiken. Davon war auch ihr Verhältnis zur römischen Kurie bestimmt. Die Fugger investierten große Summen in eine Augsburger Kirche und legten die Erträge gewinnbringend an, die Albrecht von Brandenburg, der Erzbischof von Magdeburg und Mainz, aus dem Ablasshandel erworben hatte, und finanzierten anfangs sogar die Schweizergarde des Papstes. Mit den Habsburgern kämpften die Fugger gegen die Reformation. Was überwog bei Jakob Fugger: der Wohltäter, der Gottesfürchtige oder der Geschäftsmann?
Fürst Fugger: In seinem Innersten sicher die Gottesfurcht. Mit seinen Talenten garantiert der Kaufmann – aus der Kombination von beidem erwuchs die Verantwortung fürs Gemeinwohl.

SPIEGEL: Wie wichtig ist das Verhältnis der Fugger zur Kirche heute noch? Sollte eine evangelische Braut konvertieren?

Fürst Fugger: Das war schon bei meiner Großmutter nicht mehr der Fall. Die hat gemütlich und sehr lieb als Protestantin in der Familie gelebt, und ihr Mann war katholisch.

Graf Fugger: Wir haben einige Kapellen und kleinere Kirchen im Patronatsrecht.

SPIEGEL: Was bedeutet das?
Graf Fugger: Diese Kirchen liegen in unseren ehemaligen Herrschaftsgebieten. Wir haben ein Mitspracherecht bei der Auswahl des Gemeindepfarrers durch die Diözese. Da gibt es immer wieder Berührungspunkte mit dem Bistum.

SPIEGEL: Im 15. Jahrhundert waren es mehrfach die Frauen und Witwen der Fugger, die das Vermögen zusammenhielten und beträchtlich vermehrten. Wie erklären Sie sich, dass sowohl Jakob wie Anton Fugger die weiblichen Familienmitglieder durch Verträge von der Teilhabe an den Handelsgesellschaften und vom Erbe der Besitztümer ausschlossen?
Fürst Fugger: Das war eine Frage der Existenz. 1548 hat unsere Familie das Fideikommiss eingeführt, von da an konnte immer nur einer erben. Das war eine kaufmännische Entscheidung: Das Vermögen sollte nicht in Einzelteile zerfallen, damit das Unternehmen weiterwachsen konnte.

SPIEGEL: Hat da nie eine Frau aufbegehrt?
Fürst Fugger: Das ist nicht schriftlich überliefert.

SPIEGEL: Sind die Frauen heute noch von der Erbfolge ausgeschlossen?
Fürst Fugger: Natürlich hat jeder einen Pflichtteilsanspruch, aber wir achten darauf, dass das Erbe in einer Hand bleibt.

SPIEGEL: Egal, ob Tochter oder Sohn?
Graf Fugger: Ich habe noch keine Kinder, aber grundsätzlich: ja. Wir müssen in der Familie gar nicht weit schauen, der Familienzweig Fugger-Kirchberg wird schon seit der letzten Generation von einer Frau geführt.

SPIEGEL: Was macht die Identität der Fugger aus?
Graf Fugger: Für mich ist es zuerst die Kernfamilie, in der ich aufgewachsen bin. Für uns alle prägend ist sicher auch die Verantwortung für die Fuggerschen Stiftungen, um das positive, soziale Wirken dieser Einrichtung sicherzustellen.

SPIEGEL: Gibt es so etwas wie Stolz auf das, was die Dynastie erschaffen hat?
Graf Fugger: Sicher, die Fuggerei schon als Kind intensiv erlebt zu haben zeigt einem schnell, was für ein besonderer Ort das ist. Und natürlich gibt es Dankbarkeit, an Orten wie Schloss Wellenburg und Babenhausen aufwachsen zu dürfen, das wird Teil der Identität. Besonders wenn man die Aufgabe erhält, das Erreichte zu erhalten und weiterzuentwickeln. Da sagt man nicht: Ich guck mir das mal an, und wenn's nichts für mich ist, bin ich halt wieder weg. Das ist eine generationsübergreifende Aufgabe.

SPIEGEL: Gibt es Familiengeschichten, die abends zum Einschlafen erzählt werden?
Graf Fugger: Das war in meiner Kindheit eher Astrid Lindgren.

SPIEGEL: Was machen die Fugger anders als andere adlige Familien?
Fürst Fugger: Anders kann ich nicht sagen. Wir treten nicht

gern sehr bunt in der Gesellschaftspresse auf, das ist keine unserer Familientugenden. Wir halten uns lieber im Hintergrund.

SPIEGEL: Wird noch darauf geachtet, beim Heiraten unter sich, ebenbürtig zu bleiben?
Fürst Fugger: Vor zwei Generationen gab es das schon noch. Heute wohl noch in Familien, deren interner Kodex das vorschreibt. Wir haben so etwas nicht, das wäre auch heutzutage kaum mehr vermittelbar.

SPIEGEL: Wie weit dringt unsere Gegenwart mit ihren Debatten um Geschlechtervielfalt, um alternative Lebens- und Liebesmodelle in die traditionelle Welt des Adels ein?
Graf Fugger: Ich fühle mich nicht als jemand, der in einem anderen Jahrhundert stecken geblieben ist. Ich bin liberal aufgewachsen und Freigeist genug, offen für alle Diskussionen zu sein.

SPIEGEL: Die Fugger wurden im 16. Jahrhundert geadelt. Macht es heute noch einen Unterschied, ob man zum Uradel gehört oder nicht?
Fürst Fugger: Das spielt heute keine große Rolle mehr. Und wenn sich einige noch darauf beziehen, sollte das mit der notwendigen Zurückhaltung und einem zeitgemäßen Verantwortungsgefühl geschehen.

Graf Fugger: Wenn wir den Hochadel auf der Ebene der Queen von England nehmen, dann ist das etwas anderes. So wie sie ihre Rolle als Staatsoberhaupt gelebt hat und lebt, löst das sicher bei jedem eine gewisse Ehrfurcht aus. Ansonsten verhalte ich mich nicht anders, weil jemand diesen oder jenen Namen trägt.

SPIEGEL: Wenn Sie dem Herzog von Bayern begegnen, gibt es keine Hierarchie?
Fürst Fugger: Doch, die gibt es. Letztendlich wäre er der König von Bayern, und wir haben uns dementsprechend zu benehmen.

SPIEGEL: Was bedeutet das dann?
Fürst Fugger: Zurückhaltung, gelebter Respekt.

SPIEGEL: Ein Fugger-Forum 2018 trug den Titel »Muss denn Reichtum Sünde sein?«. Wie kann man vermeiden, dass Reichtum zur Sünde wird?
Fürst Fugger: Indem man seiner Verantwortung der eigenen Umgebung gegenüber gerecht wird. Und die Verbundenheit zu Einrichtungen aufrecht hält, die es seit Generationen gibt.

SPIEGEL: Zum Beispiel?
Fürst Fugger: Etwa zur Universität Augsburg, wo wir die wissenschaftliche Arbeit unterstützen, aber auch im Schützenverein Babenhausen, den Anton Fugger 1557 gegründet hat.

SPIEGEL: Die kleine amerikanische Gemeinde, in der Jeff Bezos und Bill Gates wohnen, hat vor einiger Zeit vermeldet, dass ihr das Geld für Feuerwehr, Polizei und Straßen ausgeht. Das kann in Augsburg oder Babenhausen nicht passieren?
Graf Fugger: Stiftungsvermögen und Privatvermögen sind bei uns strikt getrennt. Als Firma muss ich wie jedes Unternehmen gut wirtschaften, als Familienseniorat sind wir unter anderem verantwortlich für neun Stiftungen, darunter die Fuggerei.

SPIEGEL: Und dann sind da noch eine ganze Reihe von Schlössern …
Graf Fugger: … die im 21. Jahrhundert zu erhalten ist eine

gewaltige Aufgabe. Ein Projekt, an dem wir momentan arbeiten, ist die Sanierung der ehemaligen Wirtschaftsgebäude von Schloss Babenhausen, dem Stammsitz meiner Familie. Auf der einen Seite geht es darum, die kulturhistorisch wichtigen Gebäude mit dem Museum und den Parkanlagen zu erhalten, andererseits eine nachhaltige Nutzung zu finden. Gemeinsam mit der Gemeinde Babenhausen wollen wir dort eine Kita, Kindergarten und Hort unterbringen und unserer sozialen Verantwortung gerecht werden.

SPIEGEL: Sie brauchen öffentliche Gelder, um das Schloss zu erhalten?
Graf Fugger: Es gibt einschlägige Fördermöglichkeiten, zum Beispiel aus der Denkmalpflege, die so wiederum der Allgemeinheit zugutekommen.

SPIEGEL: Im sogenannten Damenhof des Augsburger Fuggerpalais kann man in einer Sommerbar beim Sundowner auf die freskengeschmückten Arkaden des ersten Renaissanceprunkbaus nördlich der Alpen schauen. Setzen Sie Grenzen für das, was mit dem Namen Fugger heute gemacht werden darf?
Graf Fugger: Wir müssen uns immer fragen, welche Nutzungen ein Ort verträgt.

SPIEGEL: Und welche nicht?
Fürst Fugger: Alles, was irgendwie schreierisch oder kurzlebig angelegt ist, oder Investitionen, die schnelle hohe Rendite versprechen, aber nicht solide durchdacht sind. Die vertragen sich nicht mit dem, was wir zu bewahren haben.

SPIEGEL: Wozu verpflichtet Adel heute noch?
Graf Fugger: Der Adelstitel wurde in der Geschichte immer für

eine besondere Leistung an Einzelne vergeben, deren Nachkommen idealerweise die Verantwortung und Vorbildfunktion fortführen. Klar, wir sind im Laufe der Familiengeschichte geadelt worden. Und wir versuchen, das Erbe von Jakob und Anton Fugger in die Gegenwart und Zukunft zu tragen, unter anderem das Mäzenatentum in der heutigen Zeit zu animieren. Aber ich tue mich schwer damit, mich in meinem Alter als Vorbild zu sehen. Ich habe hier eine Aufgabe im Kontext der Familie in 19. Generation und darf mich nicht nur auf mich selbst und meine Ziele konzentrieren.

SPIEGEL: Fürst Fugger, Graf Fugger, wir danken Ihnen für dieses Gespräch.

Die Fuggerei

»Würdige Arme«, so erklärte »der Reiche«, wie Jakob Fugger genannt wurde, sollten in der Freien Reichsstadt Augsburg eine menschenwürdige Unterkunft finden. Er stiftete 1521 die älteste bestehende Sozialsiedlung der Welt, in der aktuell 88 Cent Miete im Jahr bezahlt werden, Gegenwert für einen Rheinischen Gulden. Die Mieter sprechen bis heute täglich drei Gebete für die katholische Stifterfamilie. Acht Gassen, 67 efeuberankte Reihenhäuser, ein Springbrunnen, ein malerischer Garten, drei Museen, eine kleine Kirche – wie eine bessere, friedvolle Miniaturwelt umgibt die Fuggerei ihre 150 Bewohner, darunter alleinerziehende Mütter, Paare und Studenten ebenso wie ältere Männer und Frauen.

Wer würdig ist, entscheidet das Fuggersche Familienseniorat, wenn drei Bedingungen erfüllt sind: Bedürftig, Augsburger und katholisch müssen die Bewerber sein.

Die Fugger-Kapelle

Rosa Marmor, verschnörkelte Stukkaturen und ein Stilbruch in Blau und Gold: In der Augsburger Kirche St. Anna haben die Fugger dafür gesorgt, dass der Widerstand der Katholiken gegen die Reformation bis heute sichtbar ist. Ihre ab 1509 für die Familie errichtete Grabkapelle, an deren fürstlicher Ausstattung auch Albrecht Dürer mitgewirkt hat, gilt als erster sakraler Renaissancebau diesseits der Alpen. Die Kapelle blieb auch nach 1517 katholisch; das barockisierende Langhaus der Kirche hingegen wurde protestantisch, ein Symbol für die bikonfessionelle Reichsstadt Augsburg. Die Fugger verewigten sich als Stifter der Kapelle nicht nur durch das allgegenwärtige Lilienwappen; auf dem linken Flügelbild der großen Orgel sind der Stifter Jakob Fugger und vermutlich sein Neffe Raymund verewigt – geschickt unter die Zeitzeugen von »Christi Himmelfahrt« gereiht.

»ES GAB NUR EINE AUSNAHME«

Die Politikerin Jutta Ditfurth hat sich von ihrer adeligen Herkunft abgewandt – auch die Geschichte ihrer Familie spielte dabei eine Rolle. Hier erklärt sie die Hintergründe.

Von Jutta Ditfurth

Kaum etwas markiert das Wesen des Adels präziser als sein Verhältnis zum Judentum. Das »inkorporierte kulturelle Kapital« (so der Soziologe Pierre Bourdieu) des Adels enthält mehr als tausend Jahre Judenhass. Von Gott »begnadet«, kämpfte der christliche Adel gegen die ältere Religion. Während der Kreuzzüge verübten Ritter noch auf deutschem Boden die ersten europäischen Pogrome.

Der Reformator Martin Luther, Vorbild meiner Vorfahren, rief die protestantischen Fürsten zum Niederbrennen von Synagogen, zur Vertreibung und Ermordung der Rabbis auf. Aber der Adel hatte da längst entdeckt, dass Pogrome ihn schlagartig von jüdischen Gläubigern befreiten.

Der romantische Dichter Achim von Arnim, mütterlicherseits weitläufig mit mir verwandt, gründete 1811 die »Deutsche Tischgesellschaft«, in der sich die preußische Elite traf. Arnim befürchtete, dass sich Juden als getaufte Christen in die feine Gesellschaft einschlichen, dann würden bald statt Fasanen »Christenkinder geschlachtet«. Er wünschte sich chemische Experimente, um zu beweisen, dass ein jüdischer Mensch aus »Dreck« bestehe, und bedauerte, dass man Juden nicht die Haut abziehen könne.

Als Friedrich Wilhelm IV., König von Preußen, Geld für seine Hofhaltung brauchte, berief er 1847 den Ersten Vereinigten Landtag Preußens ein; Vorfahren von mir nahmen teil. Auf der Tagesordnung stand auch die »Emancipationsfrage der Juden«, ein Gutachten belegte deren bedrückende Lage. Die adeligen Delegierten ereiferten sich über die Juden. Die stünden »auf einer sehr niedrigen Stufe der Kultur«, seien »fremdartige Elemente ohne Recht«, in »einem christlichen Staate ein obrigkeitsstaatliches Amt zu bekleiden«. Auch den Judenfreundlicheren ging es am Ende darum, »das Judentum zu vernichten«.

Kaiser Wilhelm II. beobachtete die zionistische Bewegung Theodor Herzls um 1900: »Ich bin sehr dafür, daß die Mauschels nach Palästina gehen.« Herzl bemühte sich um eine Audienz, aber der Kaiser wollte mit keinem Juden gesehen werden, die hätten schließlich »den Heiland umgebracht«. Dennoch, dankbare »Hebräer« konnten vielleicht von Nutzen sein, warum kein deutsches »Schutzgebiet« in Palästina? Am Ende waren dem Kaiser die Eisenbahnverträge mit dem Osmanischen Reich wichtiger.

Der Dichter Freiherr Börries von Münchhausen, mein Urgroßonkel, schrieb in jungen Jahren jüdische Heldenballaden, gab sie unter dem Titel »Juda« heraus und wurde von Herzl dafür gelobt. Aber noch vor dem Ersten Weltkrieg lernte Münchhausen, Juden zu hassen. »Jedesmal, wenn ich Berlin wiedersehe, erschreckt mich die Verjudung unseres Volkes aufs Höchste ... Es ist eine fürchterliche Rasse!« Else Lasker-Schüler »ist weitaus die übelste Jüdin des Tiergartens«. »Rassereinheit« wurde sein zentraler Gedanke. »Eine Kreuzung von Mops und Dackel ergibt immer nur ein Mistvieh ... Eine Ehe zwischen Arier und Juden ergibt immer einen Bastard.«

Die Quartiere der mehrheitlich adeligen Offiziere im Ersten Weltkrieg waren – bis heute oft unterschätzte – Orte völkischer und antisemitischer Agitation. 1918 vereinigten sich die Alldeutschen mit anderen rechtsradikalen Organisationen zur Deutschnationalen Volkspartei (DNVP), einer Vorläuferorganisation der NSDAP. Die Hälfte meiner adeligen Verwandtschaft war Mitglied oder machte Wahlkampf. Mit der Kriegsniederlage habe »sich die uralte, nordische Sage erfüllt, der Fenris-Wolf hat die Sonne verschlungen«, meinte meine Urgroßmutter Gertrud von Raven-Beust. Selbst als ihr Ehemann einen großen Teil ihres Vermögens verspekuliert hatte, waren andere schuld, denn »der Jude zog uns durch seinen Terminhandel noch das letzte Geld aus der Tasche«.

Verwandte waren in der Weimarer Republik Mitglieder des rechtsradikalen Freicorps Brigade Ehrhardt, der nationalistischen Terrorgruppe Organisation Consul (OC), im präfaschistischen »Stahlhelm, Bund der Frontsoldaten«. Einige wurden mitverantwortlich für politische Morde. Die Verwandtschaft machte Ferien auf »judenfreien« Nordseeinseln. Urgroßtante Armgard von Hardenberg empörte sich im Schwarzwald über »Schieber und Juden«, die in den »elegantesten Autos herumsausten«. Großtante Armgard Maria von Holtzendorff hörte beim Kuren in Bad Kissingen einen Vortrag über »Die Protokolle der Weisen von Zion« und lernte: »Sie haben alle Macht in der Hand.« Danach verprügelte ihr Gatte einen Juden.

Adelige mit ihren in Jahrhunderten gereiften einflussreichen Netzwerken waren bei den Nazis willkommen. Sie waren Aktivisten, Ideologen und Agitatoren. Der größte Adelsverband, die Deutsche Adelsgenossenschaft (DAG), beschloss 1920 einen »Arierparagrafen«. Adelige Familien gaben sich entsprechende Satzungen. Zum »Gotha«, dem genealogischen Handbuch des Adels, kam 1925 die »Edda«, das Eiserne Buch Deutschen Adels deutscher Art, ein Register des »reinblütigen« Adels, das nur Mitglieder aufnahm, die auch vor 1750 weder jüdische noch nichtweiße Vorfahren besessen hatten. Damit übertraf man sogar die SS. Bald hatten sich 6000 adelige Männer registrieren lassen, zusammen mit ihren Familien ergab das vermutlich eine Mehrheit im deutschen Adel.

Es gab nur wenige Ausnahmen. Und in meiner Verwandtschaft nur eine einzige: Karl Freiherr von Brandenstein war SPD-Innenminister sowie Justizminister in Thüringen und aktiver Nazigegner. In meiner Familie nannte man ihn verächtlich »das rote Biest von Brandenstein«. Meine Urgroßmutter Gertrud von Raven-Beust rief 1923 die Reichswehr gegen aufrührerische Landarbeiter auf ihrem Gut im thüringischen Langenorla zu Hilfe. Oberstleutnant Werner von Blomberg, ab 1935 Reichskriegsminister, half. Drei Tage später marschierten Truppen der Reichswehr aus Bayern nach Thüringen ein und gingen gewaltsam gegen die neu gewählte linkssozialistische Regierung vor. Sechs Jahre später war die NSDAP dort zum ersten Mal in einer Landesregierung vertreten.

Verwandte nahmen 20 Jahre vor der Schoah die Vernichtung der Juden in ihren Alltagswortschatz auf: »Am liebsten schlüge ich noch heute einen Juden tot und käme um Dich zu holen!«, schrieb meine Großtante Hertha von Schierstädt ihrer Mutter in den Zwanzigerjahren, als sie knapp bei Kasse war. Beeindruckt von der »üppigen« Sanierung des elterlichen Guts Lemmie bei Hannover, fragte meine Großmutter 1924 ihre Schwester: »Hat Vati einen Juden erschlagen, oder macht Ihr aus Häckerlingen Gold?«

Münchhausen, mein Urgroßonkel, half, die Akademie der Künste in Berlin von Juden wie Alfred Döblin und Demokraten wie Thomas Mann zu »befreien«. Er brachte das Naziregime 1936 auf Trab, als es um die »Entdeutschung von Judennamen« ging. Das mache sie leichter erkennbar. Aber jüdische und nichtjüdische Nachnamen waren nicht auseinanderzusortieren. So wurden Juden ab 1938 gezwungen, einen zusätzlichen Vornamen im Pass zu tragen: »Israel« und »Sara«.

Es herrschte kein Mangel an Prinzen in der NSDAP: Bis zum Jahr 1941 traten mehr als 270 Mitglieder fürstlicher Häuser in die NSDAP ein, 80 von ihnen schon vor dem 30. Januar 1933. An der Front brach sich der adelige Hass auf Juden Bahn. Generalleutnant der Waffen-SS Ludolf-Hermann von Alvensleben errichtete in Polen Erschießungskommandos und schrieb an Himmler: »Die Arbeit macht, Reichsführer, wie Sie sich ja denken können, eine riesige Freude.« Claus Schenk Graf von Stauffenberg schrieb 1940 an seine Frau aus Polen: »Die Bevölkerung ist ein unglaublicher Pöbel, sehr viele Juden und sehr viel Mischvolk. Ein Volk, welches sich nur unter der Knute wohlfühlt.« Fritz-Dietlof von der Schulenburg, gleichfalls eine Schlüsselfigur des Attentats vom 20. Juli 1944, forderte »schonungslose Maßnahmen« für »Gesindel« und »Lebensschwache« und den »größten Teil der heutigen Arbeiterschaft«.

Nach 1945 wurde der Mythos erschaffen, dass der Adel maßgeblich am Widerstand gegen das NS-Regime beteiligt gewesen sei. Ich wuchs mit der Legende auf, der deutsche Adel sei

»gegen Hitler« gewesen. Aber alle unter meinen Hunderten Verwandten – bis auf den einen, der in der Familie stigmatisiert und verachtet wurde – verabscheuten die Juden und bauten mit am »Tausendjährigen Reich«.

Wenn heute der ermordeten Juden gedacht wird, sind manchmal auch Menschen mit adeligem Namen dabei. Aber in den seltensten Fällen öffnen sie ihre Archive. Sie wissen, warum.

Die Publizistin Jutta Ditfurth, geboren 1951, wurde als Mitgründerin und Bundesvorsitzende der Grünen bekannt, die sie 1991 verließ. Geboren wurde sie als Jutta Gerta Armgard von Ditfurth, sie stammt aus den Adelsgeschlechtern von Ditfurth und von Raven. Aufgewachsen im Adelsmilieu, besuchte sie als Jugendliche Adelsbälle und wurde »auf Familienverbandstage geschleppt, wo mir Verwandte von Preußen, vom Kaiser und von verlorenen Gütern im Osten vorschwärmten«. Politisiert durch die 68er-Revolte, lehnte sie dann jedoch die Mitgliedschaft im Familienverband ab und legte das »von« in ihrem Namen ab.
Nach dem Mauerfall reiste Ditfurth zu den ehemaligen Gütern ihrer Familie in Sachsen, Thüringen und Pommern und spürte der Familiengeschichte nach. In den der Forschung sonst meist verschlossenen Hausarchiven der Familienverbände fand sie Briefe, Tagebücher, Dokumente und Fotos aus der weiteren Verwandtschaft - ein bis zwei Dutzend adelige Familien mit rund hundert Personen –, weiteres Material entdeckte sie in Bundes-, Landes- und Militärarchiven. Besonders schockierte sie der Antisemitismus, dem sie darin begegnete und den sie hier beschreibt.

DIE BIBEL DER SALONLÖWEN

Anderthalb Jahrhunderte lang war der »Gotha« das wichtigste Handbuch des europäischen Adels. Wer dort verzeichnet war, war ganz oben angekommen.

Von Johannes Saltzwedel

Als der 22-jährige Pariser Autor Marcel Proust 1893 eine »Snobdame« beschrieb, nannte er als wichtigste Quellen ihrer Weltkenntnis spöttisch die Gesellschaftsblätter »Tout-Paris«, »High-Life« und – den »Gotha«. Der war damals bereits im 130. Jahrgang zu haben. Mit vollem Namen hieß das fast 1300 Seiten dicke Buchklötzchen »Almanach de Gotha«. Es enthielt ein Kalendarium, eine Statistik über alle Länder der Welt und einen umfangreichen Abschnitt, der die europäischen Adelshäuser auf neuestem Stand verzeichnete, von ihrer Entstehung bis zu den gegenwärtigen Familienoberhäuptern.

Diplomaten, Hotelmanager, Salonlöwen, Protokollchefs, Luxusschneider oder eben Snobs – wer immer in aristokratischen Kreisen verkehrte, konnte diesen Handbuchteil nicht entbehren, denn dort ließ sich die genaue Stellung eines Menschen namens Kinsky oder Donnersmarck, Broglie oder Orsini ermitteln. Verzeichnet waren Fürstenhäuser, für Deutschland auch die ehemaligen Kleinsouveräne, sowie ein Gutteil der herzoglichen oder prinzlichen Familien – eben Europas Crème de la crème. Im »Gotha« zu stehen bedeutete quasi ein zusätzliches Adelsprädikat.

Entwickelt hatte sich das Nachschlagewerk aus einem weitverbreiteten »Schreib-Calender« für Termine und Notizen, der seit 1740 im thüringischen Gotha erschienen und 1763 von dem umtriebigen Verleger Johann Christian Dieterich weitergeführt worden war. Die deutsche Version nannte sich bald »Hofkalender«; neben galanten Illustrationen und allerlei unterhaltsamem Stoff »zum Nutzen und Vergnügen« fand man darin nun immer mehr Angaben über Herrscherhäuser.

Erst nach dem Sturz Napoleons aber entwickelte sich das kleine Buch so richtig zur Marke: Der neue Verleger Justus Perthes überflügelte mit einer eigenen Redaktion alle Konkurrenz, stellte dem peinlich genau recherchierten Nachschlagewerk noch weitere »Genealogische Taschenbücher« über Grafen, Freiherren und den restlichen Adel an die Seite. Auch den Zusammenbruch des alten Europa im Ersten Weltkrieg überlebte das deutsche Produkt; der letzte »Almanach de Gotha« erschien für das Jahr 1944. Im Jahr darauf brannte das Perthes-Archiv nieder.

Seit 1997 aber hat ein britischer Verlag den ehrwürdigen Namen wiederbelebt – und offenbar mit Erfolg. Der jüngste, 120 Pfund teure »Almanach de Gotha 2019« umfasst zwei Bände mit zusammen mehr als 2800 Seiten. 2015 erkannte das Deutsche Adelsarchiv den Trend und nennt nun seine Buchreihen auch wieder »Gothaisches Genealogisches Handbuch«. Stoff genug für Nostalgiker, Traditionalisten – und Freaks.

EIN ÜBERHOLTES KONZEPT?

Adel heute – ein Stimmungsbild

»Es gibt heute viele im Adel, die mit ihrem Namen renommieren gehen und versuchen, ihre Herkunft für wirtschaftliche Zwecke zu instrumentalisieren. Ich bezweifle, dass der Adel heute noch die Aufgabe einer Orientierung ausfüllen könnte. Er hat als Klasse abgewirtschaftet, und zwar schon lange. Er hat sich selbst abgewirtschaftet. Und er sollte in seiner traditionellen Form abgewirtschaftet bleiben.«

ELISABETH PLESSEN,
Die Autorin, 1944 geboren als Elisabeth Charlotte Marguerite Auguste Gräfin von Plessen, distanzierte sich in den Siebzigerjahren vom Adel. Ihre Erfahrungen beschreibt sie auch in ihrem Roman *Die Unerwünschte*, Berlin: Berlin Verlag, 2019.

»Ob Adel oder nicht Adel: Ich erwarte grundsätzlich von Menschen, dass sie Werte wie Verantwortung, Zivilcourage oder Solidarität zum selbstverständlichen Bestandteil ihres täglichen Handelns

integrieren. Aktives Engagement für die Gesellschaft ist dann die gewinnende Kür.«

PHILIP DÖNHOFF,
geboren 1966, Großneffe der 2002 verstorbenen »Zeit«-Herausgeberin Marion Gräfin Dönhoff, arbeitet an der Zukunftsfähigkeit von Organisationen. Gemeinsam mit seiner Frau baut er eine Schule für die vom IS geflüchteten Kinder im kurdischen Irak auf (https://handfuerhand.org/).

»Wir haben keine Macht, wir haben keine Schlösser, wir haben kein Land, wir haben nur unsere Geschichten. Und das ist auch gut so.«

KONSTANTIN VON HAMMERSTEIN,
geboren 1961, arbeitet als SPIEGEL-Autor in Berlin.

»Man muss den Menschen, die glauben, wichtig zu sein, ihre Wichtigkeit nehmen. Dadurch, dass ich die Leute normal behandele, reden sie auch anders miteinander, es spielt dann keine Rolle, welches Amt sie innehaben.«

MARIANNE FÜRSTIN ZU SAYN-WITTGENSTEIN-SAYN,
geboren 1919, ist Fotografin, »Gesellschaftsexpertin« und Gastgeberin.

»Wer privilegiert aufwachsen durfte, hat auch die Pflicht, sich positiv in die Gesellschaft einzubringen.«

ANNA BAYERN, nach ihrer Heirat mit Manuel Prinz von Bayern eigentlich Anna-Natascha Prinzessin von Bayern, wurde 1978 als Prinzessin zu Sayn-Wittgenstein-Berleburg geboren. Die zweifache Mutter arbeitet als Autorin und Redakteurin im Axel Springer Verlag und verzichtet offiziell auf ihren Adelstitel.

»Wir haben eine konstitutionelle Monarchie in Norwegen. Meine Rolle gestattet es mir nicht, mich an politischen Debatten zu beteiligen, aber ich kann meine Stimme erheben, wenn es um die großen Herausforderungen der Menschheit geht.«

HAAKON, geboren 1973, ist Kronprinz von Norwegen und der Ehemann von Kronprinzessin Mette-Marit.

Kronprinz: Haakon von Norwegen

ADELSHÄUSER EUROPAS

Porträtiert von Frank Patalong

DIE HOHENZOLLERN

Die Aufsteiger von der Schwäbischen Alb wurden Grafen, Kurfürsten, Könige und Kaiser – und Inbegriff des Preußischen.

Lichtgestalten

FRIEDRICH II., 1712 bis 1786. Der »Alte Fritz« ist eine der widersprüchlichsten Figuren der deutschen Geschichte: Aufklärer und absoluter Herrscher, Schöngeist und Kriegstreiber, der Länder ohne Kriegserklärung überfiel. Machte Preußen endgültig zu einer Macht. Zu seinem Erbe gehören aber auch Sozialreformen und die Formung eines für seine Zeit ungewöhnlich toleranten Staatswesens, das sich als fit für die folgenden revolutionären Zeiten erwies. Sah sich selbst als »erster Diener des Staates«.

KÖNIGIN LUISE VON PREUSSEN, 1776 bis 1810. Die starke, intelligente Frau hinter dem schwächlichen Friedrich Wilhelm III. Trieb ihren Mann zu Reformen, wirkte auf seine Politik ein. Gegen jedes Protokoll suchte sie diplomatische Lösungen mit Napoleon. Wurde nach ihrem Tod zur Heldin, fast zu einer Heiligen verklärt.

Bedeutendste Leistung

Die Hohenzollern machten aus dem sandigen Ackerland Preußen eine europäische Großmacht, um die sich 1871 die deutschen Staaten scharten, um einen Nationalstaat zu begründen.

Schwarze Schafe

WILHELM II., 1859 bis 1941. Der letzte deutsche Kaiser hegte imperialistische Großmachtallüren. Als Österreichs Kaiser Franz Joseph I. Serbien den Krieg erklärte, sprang ihm Wilhelm allzu freudig bei. Der Konflikt eskalierte zu einem Weltkrieg, der 15 Millionen Menschen das Leben kostete. Monarchie und Adel hatten danach ausgedient in Deutschland und Österreich.

CORINNA VON HOHENZOLLERN, geboren 1990. Heiratete mithilfe von Carl Alexander, geboren 1970, ins Adelshaus ein. Er liebte sie nach eigener Aussage wegen ihrer Brüste, doch sie »wollte nur den Titel«: Nach zwei Monaten war der Spuk vorbei, die Ehe gescheitert.

Größter Skandal

Als Spross eines Prinzen und Patenkind eines Papstes schien FERFRIED PRINZ VON HOHENZOLLERN, geboren 1943, ein Leben in elitären Zirkeln vorgezeichnet. Doch im reifen Alter entdeckte er die Liebe zur Trash-TV-Ikone Tatjana Gsell – und wurde an ihrer Seite zum Reality-TV-Star »Foffi«. Besonders unschön: Zu diesem Zeitpunkt war er noch verheiratet. Seit die Liaison beendet wurde, fällt er nur noch selten auf. Gsell hingegen schon.

Bekannte Köpfe heute

GEORG FRIEDRICH PRINZ VON PREUSSEN, geboren 1976. Das Oberhaupt der preußischen Linie macht Schlagzeilen mit Forderungen nach Rückgabe von Familienschätzen. KARL FRIEDRICH FÜRST VON HOHENZOLLERN, geboren 1952, Oberhaupt der vermögenderen schwäbischen Linie. Ist stiller, außer auf der Bühne: Er ist nicht nur Unternehmer, sondern auch Jazzer!

ERSTMALS NACHWEISBAR: 1061
STAMMSITZ: Burg Hohenzollern
STAMMLANDE: Hechingen (heute in Baden-Württemberg)
HÖCHSTE ÄMTER (GESCHICHTE): deutsche Kaiser
HÖCHSTE ÄMTER (GEGENWART): keine
BERÜHMTE RESIDENZEN: Sanssouci und Neues Palais in Potsdam, Berliner Stadtschloss, Schloss Charlottenburg sowie Stadtschloss Breslau und Schloss Königsberg

DIE WITTELSBACHER

In 839 Jahren brachte das Haus Wittelsbach mehr als 130 regierende Fürsten hervor. In der Rückschau überstrahlen zwei alle anderen – zu ihrer Zeit waren sie der Familie eher peinlich.

Lichtgestalten

ELISABETH VON ÖSTERREICH, 1837 bis 1897. Für viele war »Sisi« die schönste Frau der Welt, für die Ungarn eine Art Mutter der Nation: Mit ihrer Unterstützung bekamen sie eine Verfassung. Elisabeth war davon überzeugt, dass das Ende der Herrscher von Gottes Gnaden absehbar sei.

RUPPRECHT VON BAYERN, 1869 bis 1955. Lehnte das NS-Regime ab und bezahlte dafür: Er floh 1939 ins Exil. Frau, Sohn und zwölf Verwandte sperrte man 1944 ins Konzentrationslager. Nach dem Krieg Fürsprecher einer föderalistischen Neuordnung. Sein Vermächtnis besteht auch in der Hoffnung, dass es doch noch einmal einen bayerischen König geben könnte. Manchem Bayern wäre das wohl recht.

Bedeutendste Leistung

Der Erhalt des Katholizismus in Bayern gegen starke reformatorische Kräfte im 16. und 17. Jahrhundert legte die zukünftige kulturelle, aber auch wirtschaftliche Entwicklung des Landes fest. MAXIMILIAN I. war dabei die treibende Kraft als Mitbegründer der katholischen Liga.

Schwarze Schafe

LUDWIG II., König von Bayern, 1845 bis 1886. Die Schlösser des »Märchenkönigs« sind heute weltberühmt, doch Ludwig entzog man wegen der horrenden Baukosten die Krone. Zuvor wurde er für geisteskrank erklärt, Hinweise dafür gab es seit seiner Jugend. Ludwig wurde immer seltsamer, weder bereit noch in der Lage, die Pflichten eines Königs zu erfüllen. Sein rätselhafter Tod ist heute Teil seiner Legende.

ELISABETH VON ÖSTERREICH. Heute zur Kultfigur romantisiert, fand »Sisi« zu Lebzeiten in ihrem Umfeld wenig Zuspruch. Für den Hochadel war sie bestenfalls eine Außenseiterin, wenn nicht gar Feindin. Sooft sie konnte, verließ sie Wien, ihren kaiserlichen Pflichten kam sie kaum nach.

Größter Skandal

Ob Morde, Einweisungen, Intrigen: Die Wittelsbacher produzierten zahllose – teils im Wortsinn irre – Skandale. Besonders pikant: die Abdankung KÖNIG LUDWIGS I. im Jahr 1848 wegen seiner Affäre mit der angeblich aus Spanien stammenden Tänzerin Lola Montez.

Bekannte Köpfe heute

LUDWIG PRINZ VON BAYERN, IT-Unternehmer und Entwicklungshelfer. Lebt meist in Kenia, wo er Tech-Start-ups auf die Sprünge hilft. Die meiste mediale Aufmerksamkeit wird wohl Erbprinzessin Sophie ernten: spätestens wenn ihr Gatte eines Tages Staatsoberhaupt von Liechtenstein wird.

ERSTMALS NACHWEISBAR: 1180
STAMMSITZ: Burg Wittelsbach
STAMMLANDE: Bayern (Region Augsburg)
HÖCHSTE ÄMTER (GESCHICHTE): Kaiser in zwei, Könige in sieben Ländern
HÖCHSTE ÄMTER (GEGENWART): keine
BERÜHMTE RESIDENZEN: zum Beispiel die Münchner Residenz (das größte Innenstadtschloss Deutschlands), weltweit bekannt ist auch das »Märchenschloss« Neuschwanstein

DIE HABSBURGER

Dieser Familie gehörte einst die Welt: Kein Adelsgeschlecht weitete seine Herrschaft so global aus wie die Habsburger. Am Ende scheiterten sie auch an sich selbst.

Lichtgestalten

MAXIMILIAN I., 1459 bis 1519. Der erste römisch-deutsche Kaiser aus dem Hause Habsburg steht fast synonym für den Aufstieg der Familie zur europäischen Macht. Das gelang dem »letzten Ritter« zum Teil auf dem Schlachtfeld, weit größeren Erfolg aber erzielte er durch seine eigenen Hochzeiten und die seiner Kinder.

MARIA THERESIA, 1717 bis 1780. Früh verwaist, fand sich die Erzherzogin als Regentin mit den Begehrlichkeiten von Konkurrenten konfrontiert, die die vermeintliche Gunst der Stunde nutzen wollten. Sie war jedoch keine Frau, die sich die Butter vom Brot nehmen ließ. Am Ende setzte sie ihren schwachen Gatten Franz I. Stephan sogar als römisch-deutschen Kaiser durch – und wurde zur eigentlichen Regentin des Reiches.

Bedeutendste Leistung

Die Ausweitung des Machtbereichs der Familie durch konsequente Heiratspolitik: Zeitweise gab es rund um den Globus Habsburg-regierte Länder und Kolonien. Die Sonne ging nicht mehr unter in diesem Reich, die Dynastie dann aber doch – gerade auch wegen dieser Heiratspolitik.

Schwarze Schafe

KARL II., 1661 bis 1700. Mit ihm endete die Herrschaft Habsburgs in Spanien. Körperlich missgestaltet und geistig stark eingeschränkt, wirkte Karl auf Zeitgenossen grotesk, sie gaben ihm den Beinamen »der Verhexte«. In Wahrheit war er das bedauernswerte Opfer der familientypischen Heiratspolitik. Über Generationen hatten sich seine Vorfahren weitgehend untereinander verbunden.

RUDOLF VON ÖSTERREICH, 1858 bis 1889, nahm ein unrühmliches Ende, um das sich bis heute Legenden ranken. Den Sohn von Kaiserin Elisabeth, »Sisi«, fand man tot neben seiner 17-jährigen Geliebten, Baroness Mary Vetsera, auf Schloss Mayerling.

Größter Skandal

Die Cousine, der Cousin, immer wieder: In keinem Adelshaus war die Heirat unter Verwandten so verbreitet wie bei den Habsburgern. Über Jahrhunderte gab es dadurch eine erschütternd hohe Zahl von Totgeburten und geistigen und körperlichen Gebrechen, die durch Inzucht verursacht worden waren. Die Habsburger wussten das und taten es trotzdem: Es ging um Machterhalt – doch es trug zum Niedergang des Hauses bei.

Bekannte Köpfe heute

KARL HABSBURG-LOTHRINGEN, geboren 1961, ist aktuelles Oberhaupt der Familie. Trat als Medienunternehmer, TV-Moderator und ÖVP-Politiker auf. In der Klatschpresse präsenter sind ELEONORE HABSBURG-LOTHRINGEN, geboren 1994, Model für edle Marken, und FERDINAND ZVONIMIR HABSBURG-LOTHRINGEN, geboren 1997, Rennfahrer (Formel 3 und DTM).

ERSTMALS NACHWEISBAR: 1090
STAMMSITZ: Habsburg
STAMMLANDE: Aargau, Schweiz
HÖCHSTE ÄMTER (GESCHICHTE): Kaiser von Österreich-Ungarn, römisch-deutscher Kaiser
HÖCHSTE ÄMTER (GEGENWART): keine
BERÜHMTE RESIDENZEN: Allein im heutigen Österreich unterhielten die Habsburger rund zwei Dutzend Residenzen. Die wohl bekanntesten sind die Hofburg und Schloss Schönbrunn in Wien.

ORANIEN-NASSAU

Sie begannen als Provinzadelige und stiegen zum einflussreichen Haus des Hochadels auf: Den Weg zur Macht fand das Haus Oranien vor allem durch politisches Geschick.

Lichtgestalten

WILHELM I. VON ORANIEN, 1533 bis 1584. Unter Philipp II. von Spanien Statthalter der »Siebzehn Provinzen«. Als dort eine calvinistische Revolte losbrach, setzte sich Wilhelm I. erfolgreich an deren Spitze: 1581 erklärten sieben Provinzen ihre Unabhängigkeit. Die Oranier wurden erst Statthalter der Konföderation und später Könige der Republik der Niederlande, die daraus hervorging.

JULIANA VON ORANIEN-NASSAU, 1909 bis 2004. Galt als volksnah, prägte mit ihrer unprätentiösen Art den ganz eigenen, vergleichsweise lockeren Stil der niederländischen Royals. Dass sie einen Ehemann mit Glaubwürdigkeitsproblemen und eine Vorliebe für esoterische Beraterinnen hatte, verzieh man ihr. Anekdotisch überliefert ist die ihr zugeschriebene Aussage, sie wäre gern Sozialarbeiterin geworden, wenn sie nicht Königin geworden wäre.

Bedeutendste Leistung

Die sieben nördlichen Provinzen der Niederlande durch 80 Jahre Krieg mit Spanien geführt zu haben und am Ende den Keim einer Republik zu pflanzen, ohne dabei den royalen Status zu verlieren. Hut ab!

Schwarze Schafe

MARIANNE VON ORANIEN-NASSAU, 1810 bis 1883, ließ ihren permanent untreuen Ehemann sitzen und brannte mit ihrem Leibkutscher Johannes Rossum durch. Mit dem lebte sie in wilder Ehe, bis sie schwanger wurde, dann durften die beiden heiraten.

BERNHARD PRINZ ZUR LIPPE-BIESTERFELD, 1911 bis 2004, Prinzgemahl von Königin Juliana. Ließ sich vom US-Rüstungskonzern Lockheed mit 1,1 Millionen Dollar schmieren, den für 116 Piloten tödlichen »Starfighter« F-104 einzuführen. Er mutierte im Alter vom passionierten Großwildjäger zum Gründungspräsidenten des World Wildlife Fund (WWF).

Größter Skandal

Die Greet-Hofmans-Affäre, 1956. Der SPIEGEL enthüllte, dass die amtierende Königin JULIANA unter Kontrolle einer obskuren Geistheilerin stehe. Durchgestochen wurden die Informationen von ihrem Ehemann Prinz Bernhard. Die Affäre erreichte ihren Höhepunkt, als die Geistheilerin eine Handgranate in ihrer Post fand und verängstigt abtauchte. Erstmals seit 1815 wackelte die niederländische Monarchie, und zwar kräftig.

Bekannte Köpfe heute

Noch immer BEATRIX, geboren 1938, Königin bis 2013. Erste niederländische Monarchin, die an öffentlichen Schulen unterrichtet wurde. In der Öffentlichkeit oft als winkende, volksnahe »Königin mit Hut« wahrgenommen, galt die studierte Juristin als machtbewusste Strippenzieherin, die gern Einfluss auf die Politik nahm.

ERSTMALS NACHWEISBAR: 1544
STAMMSITZ: ab 1581 de facto Den Haag
STAMMLANDE: Zunächst Nassau-Dillenburg (zwischen Westerwald und Taunus) sowie Orange (Frankreich), später Niederlande
HÖCHSTE ÄMTER (GESCHICHTE): Großherzöge von Luxemburg, König von England, Könige der Niederlande
HÖCHSTE ÄMTER (GEGENWART): Könige der Niederlande
BERÜHMTE RESIDENZEN: das Palais op de Dam in Amsterdam

KAPETINGER & BOURBONEN

Die Kapetinger mit ihrer Nebenlinie Bourbon sind Europas zweitältestes Adelshaus. Kaum ein Thron, auf dem sie nicht einst saßen – und auf zweien sitzen sie noch heute.

Lichtgestalten

HEDWIG VON ANJOU, 1373 bis 1399. Erbstreitigkeiten spülten sie auf den polnischen Thron – unter der Auflage, den litauischen Großfürsten Jogaila zu heiraten. Der musste dafür Christ werden und mit ihm alle Litauer. Hedwigs Verdienst, fand Papst Johannes Paul II. und sprach sie heilig. Das dafür nötige Wunder: Den Auftrag zur Jogaila-Heirat habe sie von einem leuchtenden, sprechenden Kruzifix bekommen.

LUDWIG XIV., 1638 bis 1715. Frankreichs »Sonnenkönig« strahlte zumindest als Prototyp des absolutistischen Herrschers (»Der Staat bin ich«): Kunst, Architektur und Wissenschaft fördernd, wirkte er stilbildend und zeitprägend – und war lebendes Modell eines schwelgerisch-parasitischen, höchst artifiziellen Lebensstils. Ludwig war durch und durch »barock«, ein dem normalen Leben komplett entrücktes Kunstwesen.

Bedeutendste Leistung

HUGO CAPET, circa 940 bis 996, wurde 987 König der Franken und machte den Titel erblich. Er begründete eine Königslinie, die erst 1848 endete: Über 861 Jahre waren alle Könige Frankreichs seine direkten Nachfahren.

Schwarze Schafe

PHILIPPE I DE BOURBON, Herzog von Orléans, 1640 bis 1701, war am französischen Hof Teil der homosexuellen Bruderschaft »Confrérie d'italianisants«. Doch als Vorreiter der LGBT-Emanzipation taugt er damit nicht: Einen unwilligen Knaben ließ er angeblich beseitigen. So wie möglicherweise auch seine erste Frau, die vergiftet worden sein soll.

Kaum weniger grenzwertig trieben es sein Sohn PHILIPPE II. und seine Enkelin MARIE LOUISE ÉLISABETH, 1695 bis 1719. Legendär wurden ihre Orgien, bei denen sich Vater und Tochter vergnügten: Voltaire sagte ihnen Inzest nach, was ihn zeitweilig in Haft brachte. Gerade 24-jährig, kollabierte Marie bei einem Gelage und starb. Als erster Bourbonin verweigerte man ihr die Trauerrede – angeblich, weil es nichts Gutes zu sagen gab.

Größter Skandal

JUAN CARLOS I., spanischer König von 1975 bis 2014, trat nach Affären, Skandalen sowie dem Vorwurf der Bestechung, Korruption und Geldwäsche zurück. Seine Erben versuchen nun, die spanische Monarchie zu retten. Juan Carlos verließ Spanien im August 2020 überraschend und befindet sich seitdem im Exil.

Bekannte Köpfe heute

FELIPE VI., geboren 1968, König von Spanien, HENRI VON NASSAU, Großherzog von Luxemburg: Obwohl Nachkomme der Nebenlinie Bourbon-Parma, nennen sich die Großherzöge von Luxemburg seit 1919 »von Luxemburg-Nassau«. Das hat – ähnlich wie bei den Windsors, die man den Häusern Wettin oder Sachsen-Coburg und Gotha zuordnen kann – politische Gründe.

ERSTMALS NACHWEISBAR: 987
STAMMSITZ: Paris
STAMMLANDE: Westfranken, das spätere Frankreich
HÖCHSTE ÄMTER (GESCHICHTE): Großherzöge, Könige und Kaiser
HÖCHSTE ÄMTER (GEGENWART): König von Spanien, Großherzog von Luxemburg
BERÜHMTE RESIDENZEN: unter den Dutzenden Schlössern der Sippe ragen die von Fontainebleau und Versailles heraus

DIE WELFEN

Das älteste Adelshaus Europas übte lange Zeit Macht aus, ohne in erster Reihe zu stehen. Noch heute aber gehören die Welfen zu Deutschlands reichsten Familien.

Lichtgestalten

HEINRICH DER LÖWE, 1129 bis 1195. Erst engster Verbündeter, am Ende Gegner Friedrich Barbarossas, verlegte der Herzog das Machtzentrum der Welfen von Süddeutschland nach Braunschweig – ein Wendepunkt in der Geschichte der Familie. Was er als Kriegsherr gewonnen hatte, verlor er auch wieder, doch große Teile gingen später an die Familie zurück. Die war fürderhin eine Macht unter den Mächtigen.

VICTORIA VON ENGLAND, 1819 bis 1901, war die letzte Welfin auf Englands Thron. Nach ihr benannte man im Englischen die imperiale Blütezeit Großbritanniens und eine die Welt verändernde Epoche. Ihre enorm zahlreiche Nachkommenschaft (9 Kinder, 42 Enkel, 87 Urenkel) machte sie zur »Großmutter Europas«: Es gibt kaum ein Adelshaus, das Victoria heute nicht in seiner Ahnenreihe führt.

Bedeutendste Leistung

Den Welfen gelang es, quasi aus der zweiten Reihe heraus, über mehr als tausend Jahre Strippenzieher in Europa zu bleiben. Eine über längere Zeit gekrönte Dynastie wurden sie erst, als 1714 bis 1901 die englische Krone an die Nebenlinie Haus Hannover fiel.

Schwarze Schafe

CAROLINE VON BRAUNSCHWEIG, 1761 bis 1821. Gilt als Skandalnudel des Geschlechtes, weil sie ihrem Gatten und Cousin mehrfach Hörner aufsetzte. Der aber, Georg IV., König von England, war der wahre Missetäter: Schon der Eheschluss war Bigamie, weil er sich vorher anderweitig heimlich hatte trauen lassen.

ERNST AUGUST, 1887 bis 1953. Eine ZDF-Dokumentation erhob 2014 schwere Vorwürfe gegen ihn: Er habe in der NS-Zeit von der Enteignung jüdischer Bürger profitiert und KZ-Häftlinge in familieneigener Rüstungsfirma für sich arbeiten lassen. Urenkel Erbprinz Ernst August ließ prüfen und musste die Vorwürfe bestätigen: Der Welfenfürst habe finanzielle Vorteile gesucht.

Größter Skandal

ERNST AUGUST, geboren 1954, verschaffte sich durch Tritte und Schläge mit und ohne Regenschirm einen Ruf als »Sid Vicious der Aristokratie« (Song »Ernst August« von »Terrorgruppe«) und den Spottnamen »Prügelprinz«. Noch mehr Spott erfuhr er aber auf der Weltausstellung 2000: Da beobachtete man ihn, als er gegen den türkischen Pavillon urinierte.

Bekannte Köpfe heute

ERNST AUGUST VON HANNOVER, geboren 1983. Verwaltet seit 2004 die Liegenschaften der Welfen und restauriert den zuletzt leicht lädierten Ruf des Hauses. Gilt schon jetzt als Erneuerer, der die Welfen auf die Höhe der Zeit bringt. Beim eigenen Nachwuchs brach er die Ernst-August-Tradition seiner Linie: Der erste Sohn heißt Welf-August. Nach Graf Welf I., um 819.

ERSTMALS NACHWEISBAR: 819
STAMMSITZ: Ravensburg
STAMMLANDE: Schwaben, später Braunschweig
HÖCHSTE ÄMTER (GESCHICHTE): Römisch-deutscher Kaiser, König von Großbritannien
HÖCHSTE ÄMTER (GEGENWART): keine
BERÜHMTE RESIDENZEN: Schloss Herrenhausen bei Hannover ist für seine Gärten bekannt, Schloss Marienburg diente auch schon als Filmkulisse

SACHSEN-COBURG-GOTHA

Prinz Albert heiratete 1840 Königin Victoria, und ihre Ehe war fruchtbar: Von England aus vermählte sich das Haus Sachsen-Coburg und Gotha quer durch Europa.

Lichtgestalten

ERNST II., 1818 bis 1893. Ein aufgeklärter Förderer des liberalen Bürgertums: Als einziger Landesfürst nahm der Sachsen-Coburger die 1848 formulierten Bürger-Grundrechte in seine Gesetze auf und schrieb Konzepte für einen deutschen Bundesstaat. Kaiser Wilhelm I. würdigte ihn als einen der Architekten der Reichsgründung 1871.

ALEXANDRINE VON BADEN, 1820 bis 1904. Ehefrau von Ernst II.: Er reformierte auf politischer Ebene, sie auf sozialer. Gründete Stiftungen und unterstützte mit Geld, was ihr wichtig erschien, etwa ein Mädchengymnasium. Als sie starb, hinterließ sie der Gemeinde Coburg über 600 000 Mark »zum Wohl des Volkes«. Die Stadt errichtete unter anderem ein Volksbad – und ihr ein Denkmal.

Bedeutendste Leistung

Als SIMEON II. war Simeon Saxkoburggozki von 1943 bis 1946 letzter Zar von Bulgarien. Die sowjetische Besatzung trieb ihn ins Exil, aus dem er 1996 zurückkehrte. 2001 gründete er eine Partei, mit der er zehn Wochen später Premierminister von Bulgarien wurde – der einzige Monarch, der in Europa je per Wahl wieder an die Macht kam.

Schwarze Schafe

LUISE, 1800 bis 1831. Hatte das Pech, mit Ernst I. verheiratet zu werden. Rebellierte gegen dessen Affären und zahlte es ihm mit gleicher Münze heim, doch sie wurde verstoßen und zur »Schand-Luise« abgewertet. 1826 geschieden, heiratete sie noch im gleichen Jahr ihren Liebhaber und erfuhr ein spätes, kurzes Glück.

CARL EDUARD, 1884 bis 1954. Unterstützte den Kapp-Putsch, engagierte sich in diversen Freikorps und antisemitischen Terrortruppen. Von

1929 an in der NSDAP, besetzte der Hitler-Verehrer bald diverse Ämter: in der SS, der SA, im Nationalsozialistischen Fliegerkorps. Bekam nach dem Krieg gegen Zahlung von 5000 Mark einen »Persilschein«. Ist der Familie heute noch peinlich.

Größter Skandal

Die Griechin Pauline Alexandre Panam lernte im zarten Alter von 14 Jahren ERNST I., 1784 bis 1844, so intensiv kennen, dass sie mit 16 Mutter wurde und ihn damit erpresste. Ernst zahlte mit seinem Ansehen: Ihre »Memoiren einer jungen griechischen Dame« erschienen 1823 – zum hämischen Vergnügen des europäischen Hochadels.

Bekannte Köpfe heute

PHILIPPE KÖNIG VON BELGIEN, KÖNIGIN ELISABETH II. Deren Familie nennt sich seit 1917 Windsor, weil ihr die Verbindung zu Deutschland peinlich wurde. Mit Elisabeth wird die Linie in England erlöschen: Ihre Nachkommen gehören zum Haus Schleswig-Holstein-Sonderburg-Glücksburg. Auch sie bleiben per Namensänderung aber Windsors.

ERSTMALS NACHWEISBAR: 1826
STAMMSITZ: Veste Coburg, Schloss Callenberg
STAMMLANDE: Sachsen-Coburg
HÖCHSTE ÄMTER (GESCHICHTE): Könige, Zaren und ein Premierminister
HÖCHSTE ÄMTER (GEGENWART): Monarchen in Belgien und England
BERÜHMTE RESIDENZEN: sieben Residenzen werden heute noch genutzt, darunter der Königspalast Brüssel und die britischen Königspaläste

DAS HAUS SAVOYEN

Könige hat die Sippe erst spät hervorgebracht. Aber auch ohne gekrönte Häupter gehörte sie lange zu den einflussreichsten Adelshäusern Europas.

Lichtgestalten

PRINZ EUGEN VON SAVOYEN, 1663 bis 1736. Zum europäischen Helden wurde er 1697 als Oberbefehlshaber des habsburgischen Heeres im Großen Türkenkrieg: Mit dem Sieg in der Schlacht von Zenta leitete er die Niederlage des Osmanischen Reiches ein – und den Aufstieg Österreichs zur Großmacht.

MARIA LUISA GABRIELLA VON SAVOYEN, Königin von Spanien 1701 bis 1714. Regierte das Land erstmals mit nur 13 Jahren, mitten im spanischen Erbfolgekrieg, und das auch noch gut, klug und resolut. In den für Spanien erfolgreichen Friedensverhandlungen sicherte sie ihrem Mann Philipp V. die Krone. Sie starb mit nur 25 Jahren, vom spanischen Volk verehrt.

Bedeutendste Leistung

Mitte des 19. Jahrhunderts gelang es den Savoyern, zuerst Norditalien unter ihrer Führung zu einen und dann die eigentlich republikanische Unabhängigkeitsbewegung Giuseppe Garibaldis in Süditalien und Sizilien für sich zu gewinnen. 1861 wurde VIKTOR EMANUEL II. so zum ersten König Gesamtitaliens seit der Antike – und zum Mitbegründer des italienischen Nationalstaats.

Schwarze Schafe

KARL EMANUEL II., 1634 bis 1675, ließ 1655 ein Massaker an vermeintlich ketzerischen Waldensern verüben. Das empörte Europas Protestanten, Britannien drohte mit Truppen. Der Herzog gab nach, aber nicht auf. Der resultierende Krieg endete erst 15 Jahre nach seinem Tod.

OLYMPIA MANCINI, 1639 bis 1708, war Mätresse des französischen Königs und Ehefrau von Eugen Moritz von Savoyen-Carignan, der diese

Ehe nicht überlebte. Olympia wurde angeklagt, ihn vergiftet zu haben. Der Nachweis misslang, trotzdem landete sie im Exil. Nach dem plötzlichen Tod der spanischen Königin Marie Louise d'Orléans geriet sie erneut als Giftmörderin in Verdacht.

Größter Skandal

Der 1937 geborene italienische Kronprinz VIKTOR EMANUEL machte über Jahrzehnte Schlagzeilen: wegen angeblicher Verbindung zur terrorverdächtigen Geheimloge P2 und durch Anklagen wegen Korruption, Betrug und Ausbeutung von Prostituierten. Schuldig gesprochen wurde er nie, trotzdem setzte ihn das Adelshaus als Oberhaupt ab – wegen nicht standesgemäßer Ehe.

Bekannte Köpfe heute

EMANUELE FILIBERTO VON SAVOYEN, geboren 1972. Fiel 2010 als Schlagersänger beim Festival in San Remo auf und durch. Gehört zu Europas adeliger Schickeria, unter Dauerbeobachtung von »Gala«, »Bunte« und Co.

ERSTMALS NACHWEISBAR: 1034
STAMMSITZ: Chambéry
STAMMLANDE: Maurienne und Savoyen
HÖCHSTE ÄMTER (GESCHICHTE): Könige von Sizilien, Sardinien und Italien, Kaiser von Abessinien
HÖCHSTE ÄMTER (GEGENWART): keine
BERÜHMTE RESIDENZEN: Zum Beispiel der Palast Madama in Turin sowie Venaria Reale, Castello di Rivoli und Stupinigi im Piemont. Keines der Schlösser ist heute noch im Besitz der Familie.

DAS HAUS OLDENBURG

Der Name klingt nach norddeutscher Provinz, doch dahinter verbirgt sich weit mehr: »Oldenburger« regierten Großmächte – heute sind sie im englischen Königshaus vertreten.

Lichtgestalten

AUGUSTE VIKTORIA, 1858 bis 1921. Engagierte sich als erste deutsche Monarchin karitativ, kirchlich und für Frauenrechte, insbesondere für die Schulbildung von Mädchen. War schon zu Lebzeiten deutlich populärer als ihr Mann, der kriegerische Kaiser Wilhelm II., und wird im Gegensatz zu ihm heute wegen ihrer Verdienste gewürdigt.

CHRISTIAN X. VON DÄNEMARK, 1870 bis 1947. Trotzte 1940 den deutschen Besatzern die Zusicherung ab, sich nicht in innerdänische Angelegenheiten einzumischen. Das ermöglichte die lebensrettende Abschiebung von 7000 dänischen Juden ins neutrale Schweden. Seine Renitenz gegenüber den Nazis machte ihn zu einer Symbolfigur des dänischen Widerstands.

Bedeutendste Leistung

Durch geschicktes Knüpfen von Familienbanden dehnte das ursprünglich gräfliche Haus seinen Einfluss auf viele Länder Europas aus. Die Zahl der regierenden »Oldenburger« dürfte sogar noch steigen: Mit einer Thronfolge zu Charles oder William fällt der englische Thron der Nebenlinie Schleswig-Holstein-Sonderburg-Glücksburg zu, die sich dort aber Windsor nennt.

Schwarze Schafe

NIKOLAUS FRIEDRICH WILHELM VON OLDENBURG, 1897 bis 1970. NSDAP-Mitglied und SA-Standartenführer. Fühlte 1941 bei Himmler vor, ob er im zu erobernden Osten günstig Ländereien erwerben könne. Das Investment scheiterte aus bekannten Gründen.

ZAR ALEXANDER III., 1845 bis 1894. Erfand die Geheimpolizei Ochrana und Gefangenenlager in Sibirien. Erließ antijüdische Gesetze, scheiterte aber am Versuch, die Leibeigenschaft wieder einzuführen. Eine Frau unter den »schwarzen Schafen« des Hauses Oldenburg konnten wir nicht finden. Das liegt oft auch daran, dass Frauen eine weniger aktive Rolle zugestanden wurde als Männern.

Größter Skandal

Der mysteriöse Tod von FRIEDRICH VIII. VON DÄNEMARK, 1843 bis 1912. Starb unter unklaren Umständen an einem Herzinfarkt: Der Monarch logierte unter falschem Namen in einem Hamburger Hotel. Gefunden wurde er in der Nähe eines Bordells; ob er bei einem Spaziergang starb (so die offizielle Darstellung) oder posthum aus dem Gebäude getragen wurde, blieb ungeklärt – um die Königsfamilie nicht zu verletzen, wie es seitens der Polizei hieß.

Bekannte Köpfe heute

PHILIP, DUKE OF EDINBURGH (* 1921), CHARLES, PRINCE OF WALES (* 1948), WILLIAM, DUKE OF CAMBRIDGE (* 1982), KÖNIGIN MARGRETHE II. VON DÄNEMARK (* 1940), KÖNIG HARALD V. VON NORWEGEN (* 1937).

ERSTMALS NACHWEISBAR: 1091
STAMMSITZ: Burg Aldenburg
STAMMLANDE: Großherzogtum Oldenburg
HÖCHSTE ÄMTER (GESCHICHTE): Könige und Zaren
HÖCHSTE ÄMTER (GEGENWART):
Könige in Dänemark und Norwegen
BERÜHMTE RESIDENZEN: das königliche Schloss in Oslo
und Schloss Amalienborg in Kopenhagen

DIE ROMANOWS

Mehr als 300 Jahre stellten das Haus Romanow und seine Nebenlinie Romanow-Holstein-Gottorp die Zaren und Zarinnen Russlands. Dann kam die Revolution.

Lichtgestalten

KATHARINA II., genannt die Große, 1729 bis 1796. Die gebildete Kaiserin galt als »Philosophin auf dem Thron« (Denis Diderot). Ordnete per Verwaltungsreform das Reich neu und schuf eine Struktur, in der auch Bildungswesen, Kranken- und Armenversorgung erweitert wurden. An die Macht putschte sie sich allerdings gegen ihren Ehemann Peter III., den sie wohl auch ermorden ließ.

ALEXANDER I., 1777 bis 1825, fiel durch keinerlei Säuberungen, Massendeportationen oder Verwandtenmorde auf. Stattdessen bemühte sich der aufgeklärte Geist um Reformen bei der Leibeigenschaft und um Frieden in Europa. Trotzdem vergrößerte er das Reich. Am Ende nahm er – zunehmend verbittert und paranoid – jedoch etliche seiner Reformen wieder zurück.

Bedeutendste Leistung

ZAR PETER I., 1672 bis 1725, genannt der Große, ragte körperlich (mehr als zwei Meter) wie politisch heraus: Er verschaffte Russland Zugänge zur Ostsee und zum Asowschen Meer und machte es so zur maritimen Großmacht. Als Erster nahm er für sich den Titel eines russischen Kaisers in Anspruch.

Schwarze Schafe

ELISABETH, 1709 bis 1762. Ließ ihren mit zwei Monaten zum Zaren gekrönten Großneffen Iwan VI. nach nur einem »Regierungsjahr« stürzen. Gab Klein Iwan in Lagerhaft, wo er 23 Jahre lang überleben durfte. Nach ihrem Ableben wurde er wohl präventiv ermordet, um Erbfolgestreit zu vermeiden. Offiziell kam er bei einem Fluchtversuch ums Leben.

NIKOLAUS I., Zar von 1825 bis 1855: stützte sein Regime auf eine gefürchtete Geheimpolizei. Aufgeklärte Ideen wie die Beendigung der

Leibeigenschaft lehnte er ab, stattdessen erließ er Gesetze gegen Juden und trug damit zu ersten Pogromen in Russland bei.

Größter Skandal

Zarin Alexandra vertraute dem Wunderheiler Rasputin, 1869 bis 1916, bei der Behandlung ihres Sohnes Alexei, der Bluter war. Weil das geheim war, gab es Gerüchte: Hatten Zarin und Heiler ein Verhältnis? Am Ende wandte sich Zar Nikolaus II. von Rasputin ab, der von Adeligen ermordet wurde – wohl auch, weil er sich gegen die Kriegsbeteiligung Russlands ausgesprochen hatte. Sauferei und sexuelle Exzesse hatte man ihm verziehen, aber das ging wohl zu weit.

Bekannte Köpfe heute

OLGA PRINZESSIN ROMANOW, Kopf der Romanov Family Association (RFA), die 28 der überlebenden Nachfahren des letzten Zaren vertritt. Außerdem MARIJA WLADIMIROWNA: Bekannt ist sie, weil sie selbst sich zwar als Großherzogin und Thronfolgerin sieht, die RFA das aber kategorisch bestreitet. Das ist idealer Stoff für die Regenbogenpresse.

ERSTMALS NACHWEISBAR: 1553
STAMMSITZ: Moskau
STAMMLANDE: Großfürstentum Moskau
HÖCHSTE ÄMTER (GESCHICHTE): Zaren und Kaiser Russlands
HÖCHSTE ÄMTER (GEGENWART): keine
BERÜHMTE RESIDENZEN: der Kreml in Moskau und der Winterpalast in Sankt Petersburg

DIE BERNADOTTE

Als Napoleon einen bürgerlichen Offizier zum Grafen machte, entstand eines der jüngsten europäischen Adelshäuser. Dessen Nachkommen regieren bis heute als Könige von Schweden.

Lichtgestalten

JEAN BAPTISTE BERNADOTTE, 1763 bis 1844, brachte es zu Adel und als Karl XIV. Johann zur Königswürde. Kämpfte sich als Offizier Napoleons derart erfolgreich durch sämtliche Schlachten, dass Schweden ihn umwarb, als dort die Thronfolger ausgingen. Fortan focht er für Schweden und gegen Bonaparte. Der kinderlose schwedische König adoptierte ihn 1810, acht Jahre später war er selbst König – so wie heute noch seine Nachkommen.

SILVIA VON SCHWEDEN, geboren 1943. Die amtierende Königin begann bürgerlich in Heidelberg, lernte ihren Mann als Hostess bei den Olympischen Spielen 1972 kennen. Sie gilt heute als royaler als ihr Mann Carl Gustaf.

Bedeutendste Leistung

Das Haus Bernadotte brachte eine beeindruckende Zahl musisch oder wissenschaftlich begabter Vertreter vor: Darunter ernst zu nehmende Schriftsteller, Maler, Komponisten, einen Filmemacher. LENNART GRAF BERNADOTTE machte sich gar als Gartenbauer um den Bodensee-Tourismus verdient: Von 1932 an gestaltete er das bis dahin öde Eiland Mainau zur Blumeninsel um.

Schwarze Schafe

CARL XVI. GUSTAF, geboren 1946, ist die Ausnahme in einer ansonsten als fast skandalfrei geltenden Familie. 2010 erschütterten Enthüllungen über seine angeblichen Rotlichtausflüge und Affären die schwedische Monarchie. Carl Gustaf tauchte ab und schob Thronfolgerin Victoria ins Scheinwerferlicht. Deren Naturell und ihre entzückenden Kinder haben die Schweden seitdem wieder versöhnt.

Die Herzensdamen, immer wieder: Die Bernadotte hatten eine so ausgeprägte Neigung zur »unstandesgemäßen« Heirat, dass in einer Generation sämtliche Thronfolger aus der Erbfolge fielen: Seit 1973 dürfen sie deshalb heiraten, wen sie wollen.

Größter Skandal

1957 landete Prinz CARL BERNADOTTE im »Huseby-Skandal« vor Gericht. Mit zwei Komplizen soll er eine reiche Landbesitzerin ausgenommen haben. Carl legte ein volles Geständnis ab. Er ging allerdings als Einziger straffrei aus, weil man bei ihm keinerlei kriminelle Energie entdeckte, sondern nur totale finanzielle Inkompetenz – ein peinlicher Freispruch. Carl wanderte danach aus.

Bekannte Köpfe heute

VICTORIA VON SCHWEDEN, geboren 1977. Die Bernadotte erlauben seit 1980 die Thronfolge auch auf weiblicher Linie, und sie dürfen »unstandesgemäß« heiraten: Es sprach also absolut nichts dagegen, dass Victoria ihren Fitnesstrainer heiratete. Und siehe, die Schweden finden das sogar klasse, die Zustimmung für das Königshaus steigt seitdem wieder – geht doch!

ERSTMALS NACHWEISBAR: 1806
STAMMSITZ: Stockholm
STAMMLANDE: Schweden
HÖCHSTE ÄMTER (GESCHICHTE): Könige von Schweden und Norwegen
HÖCHSTE ÄMTER (GEGENWART): König von Schweden
BERÜHMTE RESIDENZEN: Das Stockholmer Schloss ist Amtssitz bis heute. Daneben nutzt die königliche Familie noch drei der ursprünglich insgesamt zehn Königsschlösser Schwedens.

DIE BRAGANZA

Fast 400 Jahre lang wurde Portugal von Königen aus dem Haus Braganza regiert, unter ihnen erlebte das Land eine Blütezeit. Viel geblieben ist vom alten Glanz nicht.

Lichtgestalten

JOHANN IV., 1604 bis 1656. Als 1640 ein Aufstand gegen die spanischen Habsburger losbrach, stellte sich Johann an dessen Spitze. Die Revolte gelang, und die Portugiesen krönten ihn zum König. Ein Coup zur rechten Zeit: Halb Europa lag im Krieg, die Großmächte waren abgelenkt. Portugal nutzte das, um seine Kolonien in Afrika und Südamerika auszudehnen – mit der Herrschaft der Braganza begann Portugals Blütezeit.
KRONPRINZESSIN ISABELLA, 1846 bis 1921, vertrat ihren Vater Peter II. dreimal auf dem Kaiserthron Brasiliens. Und das nicht nur pro forma: 1888 unterzeichnete sie das »Goldene Gesetz« zur Sklavenbefreiung. Das Establishment empörte sich, das Militär putschte, die Monarchie endete. In Brasilien erinnert man sich heute mit einem Ehrennamen an Isabel: Man nennt sie »die Erlöserin«.

Bedeutendste Leistung

Durch politische Allianzen mit England zementierten die Braganza die Unabhängigkeit Portugals von Spanien – und brachten das kleine Land so auf den Weg, zu einer der mächtigsten Nationen Europas zu werden.

Schwarze Schafe

CHARLOTTE JOACHIME VON SPANIEN, 1775 bis 1830. Versuchte, ihren Ehemann entmündigen zu lassen und unterstützte Sohn Michael I. im Putsch gegen den Vater und im Krieg gegen den Bruder. Machte posthum Karriere in Film und TV – als Schurkenfigur.
MICHAEL I., 1802 bis 1866, putschte erfolglos gegen seinen Vater. Nach dessen Tod bot Thronfolger Peter IV. dem Bruder Versöhnung, die Regentschaft und die Hand seiner siebenjährigen Tochter. Doch Michael wollte Krieg: Tausende starben, Michael landete im Exil. Der Familienkrach dauerte an, von nun an aber ohne Opfer.

Größter Skandal

PRINZ FRANZ JOSEPH, 1879 bis 1919, wurde in London wegen einer homosexuellen Orgie mit Minderjährigen angeklagt. Der Prinz erklärte, ein Junge (15) habe ihn zu einer Prostituierten führen sollen, stattdessen sei er überrascht gewesen, junge Männer anzutreffen. Am Ende wurde er freigesprochen. Wenig überrascht war man in Österreich, wo der Prinz wegen seiner Vorliebe für Tüllkleider bekannt gewesen sein soll. Für ein Patenkind des Kaisers galt das als unpassend.

Bekannte Köpfe heute

LUIZ PHILIPPE PRINZ VON ORLÉANS-BRAGANZA, geboren 1969. Banker, Internetunternehmer und aufstrebender sozialliberaler Politiker in Brasilien. Bisher bemerkenswerteste Initiative: Forderung nach einer neuen Verfassung nach dem Vorbild von 1824 – möglicherweise Monarchie inklusive. Das würde Luiz Philippe zum brasilianischen Kronprinzen machen.

ERSTMALS NACHWEISBAR: 1442
STAMMSITZ: Vila Viçosa
STAMMLANDE: Herzogtum Braganza (Nordostportugal)
HÖCHSTE ÄMTER (GESCHICHTE): Könige von Portugal, Kaiser von Brasilien
HÖCHSTE ÄMTER (GEGENWART): Kongressabgeordneter in Brasilien
BERÜHMTE RESIDENZEN: der Stammsitz ist auch der schönste, der Palast aus dem 16. Jahrhundert in Vila Viçosa

ANHANG

CHRONIK

Der Adel in Deutschland

Um 750

Schon im Frankenreich gibt es neben dem König führende Familien, die über Macht, Ansehen und Besitz verfügen und regional auch herrschen. Die Karolinger gliedern lokale Machthaber in ihr Reich ein, nun formt sich ein Kreis von Familien, der zunehmend die wichtigsten Ämter im Reich für sich beansprucht: Diese Familien bilden eine frühe **»Reichsaristokratie«**.

Um 1000

Im Lehnswesen werden Ämter und die Verfügung über Güter im Adel erblich. Indem kleine Vasallen aus dem Dienst für den König in jenen von Fürsten wechseln, festigt sich eine Hierarchie innerhalb des Adels. Burgen werden nun zu Adelssitzen, um die herum Herrschaftsbereiche entstehen. Die Familien nennen sich häufig nach dieser Stammburg, Dynastien und **Adelsgeschlechter** bilden sich heraus.

Ab 1660

Die ursprünglich unfreien »**Ministerialen**«, Dienstmannen des Königs und später auch anderer Adeliger, die zunächst Güter verwalteten, entwickeln sich zu einem eigenen »Stand«. Einigen von ihnen gelingt der Anschluss an den Adel, bisweilen auch über Bischofsämter. Die Ministerialen könnten das Ritterideal mit seinem ausgeprägten Dienstgedanken beeinflusst haben.

Ab circa 1100

Der Titel »**Graf**« dient nun zur Kennzeichnung von Würde und Rang einer Familie. Ebenso wie der Graf war auch der »**Herzog**« ursprünglich ein königliches Amt. Auch dieser Titel wird nun vererbt und ist ein Rangkennzeichen. Siegel und Wappen sollen die Adelsgeschlechter repräsentieren.

Ab 1180

Der »**Reichsfürstenstand**« besteht aus geistlichen (zunächst etwa 92) und weltlichen (etwa 20) Fürsten. Sie unterstehen lediglich dem König.

Ab 1200

Aus der Masse der Ministerialen entwickelt sich der niedere Adel, daraus bildet sich später unter anderem die »**Reichsritterschaft**«. Manche Bischofssitze gelangen unter die Kontrolle von Adelsfamilien. Die Bischöfe stammen oft aus dem Grafenstand oder dem niederen Adel.

Um 1225

Die **Heerschildordnung** im »Sachsenspiegel«, einer Sammlung geltender Rechte, zeigt eine lehnsrechtliche Stufenordnung des Adels: Die Spitze bildet der König, es folgen die geistlichen Fürsten, dann die weltlichen, auf dem vierten Schild stehen die Grafen und freien Herren, darunter weitere Vasallen.

1356

Der König wurde traditionell von Adeligen gewählt. Die »**Goldene Bulle**« regelt nun die Modalitäten für diese Wahl: Wahlberechtigt sind nur noch die sieben Kurfürsten.

1360

Kaiser Karl IV. erhebt den Spross einer mächtigen Frankfurter Familie durch einen kaiserlichen Gnadenbrief in den Adelsstand. Solche **Nobilitierungen** gab es zunächst in Frankreich. Es dauert oft Generationen, bis ein Aufsteiger tatsächlich im Adel anerkannt ist.

Einflussreich: Kaiser Karl IV. (1316 bis 1378)

Ab 1400

Einige Fürsten, Grafen und Bischöfe können ihre Macht steigern, sie bündeln und sammeln Rechte und entwickeln sich so zu **Landesherren,** die über Territorien herrschen. Innerhalb dieser Landesherrschaften entsteht in vielen Territorien der »landsässige Adel«, er untersteht der Herrschaft des jeweiligen Landesherrn. Die Nähe zum fürstlichen Hof gewinnt an Bedeutung für den Adel.

Um 1500

Der Adel macht einen Anteil von etwa 1,5 Prozent der Gesamtbevölkerung aus. Seine **Vorrechte** umfassen einen besonderen Gerichtsstand, Privilegien im Kriminalprozess, wie zum Beispiel die Hinrichtung mit dem Schwert, besondere Erbrechte und Sonderrechte bei Jagd, Zoll und Steuern. Nicht zuletzt gibt es spezielle Regelungen hinsichtlich der Kleidung und der Anrede sowie das Recht auf einen eigenen Kirchenstuhl. Für seine Untertanen ist der Adelige der Gerichtsherr.

Ab 1550

In der Verwaltung der frühneuzeitlichen **Territorien** spielen die Adeligen eine große Rolle, etwa als Geheimräte oder Minister. Auch diplomatischer Dienst oder Militärdienst sind unter Adelssöhnen gefragt (Töchter werden in der Regel verheiratet und haben keine eigenen Berufe, eine Ausnahme sind Äbtissinnen und Stiftsdamen). Darüber hinaus gelten noch die Verwaltung ererbter Güter, die unternehmerische Tätigkeit in der Landwirtschaft oder – zumindest für Katholiken – die Versorgung durch eine Karriere in der Kirche als standesgemäß.

Um 1750

Der preußische König Friedrich II. macht den Adel zur staatstragenden Schicht in **Preußen.** In seinem politischen Testament schreibt er 1752: »Der Herrscher soll es als seine Pflicht ansehen, den Adel zu schützen, der den schönsten Schmuck seiner Krone und den Glanz seiner Armee ausmacht.«

1794

Ungeachtet der Gleichheitsideen der Französischen Revolution von 1789 festigt das **Allgemeine Landrecht für die Preußischen Staaten** die Rechte des Adels weiter. Dort heißt es: »Dem Adel, als dem ersten Stande im Staate, liegt, nach seiner Bestimmung, die Vertheidigung des Staats, so wie die Unterstützung der äußern Würde und innern Verfassung derselben, hauptsächlich ob.«

1806

Unter dem Einfluss von Napoleon endet mit der Unterzeichnung der **Rheinbundakte** das »Heilige Römische Reich Deutscher Nation«, letzter Kaiser war Franz II. Viele Kleinstaaten und Reichsstädte werden unter französischer Besatzung oder im Reichsdeputationshauptschluss von 1803 mediatisiert, also in größere Territorien integriert. Insbesondere im Westen und Süden des Reichs wird die adelige Macht beschnitten. Auch die Reichsritterschaft ist aufgehoben.

1807

Das **Oktoberedikt** in Preußen hebt die alte Ständeordnung auf. Die Erbuntertänigkeit von Bauern ist fortan Geschichte, sie werden zu Eigentümern ihrer Bauernhöfe. Nun darf jeder

Bürger – und nicht wie bisher lediglich der Adel – Rittergüter kaufen und besitzen.

1815

Statt wie bisher nur der Kaiser und wenige andere Regenten können nun alle deutschen Landesfürsten Standeserhöhungen in den Adel vornehmen. Im Gebiet des Deutschen Bundes gibt es jetzt noch 36 regierende Häuser. Außerdem wird auf dem Wiener Kongress eine neue Gruppe des Hochadels geschaffen: Die ehemals regierenden, nun mediatisierten Häuser (um die 70) werden zu »**Standesherren**«. Sie gelten als den regierenden Häusern ebenbürtig und behalten erhebliche Herrschafts- und Ehrenrechte, Privilegien wie die Freiheit von Militärdienst und Steuern und das Recht auf bestimmte Anreden wie »Durchlaucht« und »Erlaucht«.

1848

Die **Revolution von 1848/49** stellt den Adel grundsätzlich infrage: Die Frankfurter Nationalversammlung beschließt, den Adel und seine Privilegien abzuschaffen. Doch weil die Revolution scheitert, behält der Adel eine Sonderstellung.

1874

Nach der Gründung des Deutschen Reichs formiert sich die **Deutsche Adelsgenossenschaft** (DAG). Ihre Ziele sind die Erhaltung adeligen Grundbesitzes, die Verhinderung sozialen Abstiegs unter Adeligen und die Bindung aller Standesgenossen an strenge konservative Grundsätze in Sachen Familie, Stand und Politik.

1919

Die **Revolution von 1918/19** stürzt den Kaiser. Mit der Weimarer Reichsverfassung werden dem Adel Privilegien und Titel genommen. In Österreich wird das »von« aus den adeligen Namen getilgt, in Deutschland hingegen wird es zum Namensbestandteil. Der politische Einfluss des Adels nimmt in der Demokratie massiv ab. Hausgesetze wie eigene Heirats- und Erbregeln sollen aufgehoben werden. Insbesondere die Abdankung des Kaisers und der noch verbliebenen regierenden Fürsten – zentrale Symbole gesellschaftlicher Ungleichheit – schockieren viele Adelige tief.

BUCHEMPFEHLUNGEN

Frauengeschichte

Christa Diemel: *Adelige Frauen im bürgerlichen Jahrhundert: Hofdamen, Stiftsdamen, Salondamen 1800–1870*, Frankfurt am Main: Fischer Taschenbuch, 2015.

Einfluss und Niedergang – beides findet die Historikerin Christa Diemel in der Geschichte von Hofdamen, Ehefrauen hoher Staatsdiener, Mätressen und Salonièren im 19. Jahrhundert. Sehr persönliche, teilweise intime Brief- und Tagebuchbekenntnisse machen die ausführliche Spurensuche anrührend und lesenswert.

Standardwerk

Daniel Schönpflug: *Die Heiraten der Hohenzollern. Verwandtschaft, Politik und Ritual in Europa*, Göttingen: Vandenhoeck und Ruprecht, 2013.

90 Heiraten der Hohenzollern zwischen 1640 und 1918 hat der Historiker Daniel Schönpflug untersucht und sie als »unspezifisches Element« der Außenpolitik identifiziert – wenn auch nur von begrenzter politischer Wirkung. Immerhin: Eine politische Rolle, so der Autor, haben die dynastischen Netzwerke noch bis ins 19. Jahrhundert gespielt.

Biografie

Fritz Stern: *Gold und Eisen. Bismarck und sein Bankier Bleichröder,* München: C. H. Beck, 2008.

Eine Doppelbiografie? Eine politische Ereignisgeschichte? In jedem Fall hat der großartige Fritz Stern mit diesem Beziehungsbuch über den machtvollen Preußen und den jüdischen Kapitalisten in anschaulicher Prosa ein Vermächtnis hinterlassen – »ein anspruchsvolles Buch«, wie der SPIEGEL 1978 nach dem Erscheinen schrieb.

Detailstudie

Karina Urbach: *Hitlers heimliche Helfer – Der Adel im Dienst der Macht,* Darmstadt: wbg Theiss, 2019.

Warum und auf welche Weise europäische Adelshäuser mit den Nazis kollaborierten, untersucht die in Princeton forschende Historikerin detailliert. Sie schildert, wie Mitglieder des Hauses Windsor sich um Hitlers Gunst bemühten. Und sie analysiert die Rolle des Herzogs von Coburg und der Prinzessin Stephanie von Hohenlohe bei dem Versuch Hitlers, die britische Elite zu umgarnen.

Analyse

Stephan Malinowski: *Vom König zum Führer – Der deutsche Adel und der Nationalsozialismus,* Frankfurt am Main: Fischer Taschenbuch, 2004.

Wie hielten es deutsche Adelige mit den Nazis? Dieser Frage geht der Historiker Stephan Malinowski auf Basis solider Archivkenntnis nach. Die glänzende Analyse kommt zu einem differenzierten, aber eindeutigen Urteil: Die Mehrheit der Adeligen stützte das Hitler-Regime, nur sehr wenige wagten Widerstand.

Panorama

Frank Lorenz Müller: *Die Thronfolger. Macht und Zukunft der Monarchie im 19. Jahrhundert,* München: Siedler Verlag, 2019.

Der König war tot. Warum überlebte die Monarchie? In einer informativen, kraftvollen Prosa schildert Frank Lorenz Müller, warum die Thronfolger im langen 19. Jahrhundert nach der Hinrichtung von Ludwig XVI. 1793 bis zur Ermordung des Erzherzogs Franz Ferdinand 1914 zur Aufrechterhaltung der Monarchie beitrugen.

AUTORENVERZEICHNIS

Prof. Dr. Eckart Conze ist Historiker und Professor an der Universität Marburg.

Jutta Ditfurth ist Autorin und Soziologin in Frankfurt am Main.

Uwe Klußmann ist Redakteur im Ressort SPIEGEL Geschichte.

Nils Minkmar ist Autor im Kulturressort des SPIEGEL.

Joachim Mohr ist Redakteur im Ressort SPIEGEL Geschichte.

Torben Müller ist freier Journalist in Hamburg.

Bettina Musall ist Redakteurin im Leben-Ressort des SPIEGEL.

Frank Patalong ist Autor im Ressort SPIEGEL Geschichte.

Martin Pfaffenzeller ist freier Journalist in Berlin.

Dr. Johannes Saltzwedel ist Redakteur im Ressort SPIEGEL Geschichte.

Dr. Eva-Maria Schnurr ist Leiterin des Ressorts SPIEGEL Geschichte.

Patrick Spät ist Autor und freier Journalist in Berlin.

Benno Stieber ist Autor und freier Journalist in Karlsruhe.

Anke Wellnitz ist Bildredakteurin beim SPIEGEL.

DANK

Entstehen konnte dieser Band nur, weil viele kluge und sorgsame Kollegen die Autoren unterstützt haben. Das von Cordelia Freiwald und Kurt Jansson geleitete SPIEGEL-Dokumentationsteam prüfte die Beiträge gewohnt sicher und umsichtig auf sachliche Richtigkeit. Mit unermüdlicher Freundlichkeit besorgten die Bibliothekare Johanna Bartikowski und Heiko Paulsen umfangreiche Fachliteratur.

Anke Wellnitz stellte die Bildauswahl zusammen, Andrea Bombek kümmerte sich um die Bildrechte. In der Schlussredaktion prüften Gartred Alfeis, Lutz Diedrichs, Birte Kaiser, Sylke Kruse, Katharina Lüken, Sandra Pietsch und Sandra Waege den Text noch einmal auf Stimmigkeit. Heike Kalb, Kathrin Maas und Elke Mohr im Sekretariat sorgten für den reibungslosen Ablauf.

Rieke Gellert beim SPIEGEL und Julia Kompe bei der DVA haben das gesamte Buchprojekt betreut; für die Herstellung war Inka Hagen verantwortlich. Ihnen allen gilt unser herzlicher Dank für die rundum erfreuliche Zusammenarbeit.

Hamburg, im Frühjahr 2021

Bettina Musall und Dr. Eva-Maria Schnurr

PERSONENREGISTER

A

Adolf, Herzog zu Mecklenburg 104
Albert (Prince Consort), Prinz von Sachsen-Coburg und Gotha 61, 216
Albrecht II., Markgraf von Brandenburg 183
Alexander I., Zar und Kaiser von Russland 222
Alexander III., Zar und Kaiser von Russland 220
Alexandra Fjodorowna (verh. mit Nikolaus II., Kaiser von Russland) 223
Alexandrine von Baden (verh. mit Ernst II., Herzog von Sachsen-Coburg und Gotha) 216
Algazi, Gadi 21
Alvensleben, Ludolf-Hermann von 166, 195
Antonia, Prinzessin von Luxemburg (verh. mit Rupprecht, Kronprinz von Bayern) 206
Arnim, Achim von 192
Arnim-Muskau, Adolf Graf von 130
Auguste Viktoria von Schleswig-Holstein-Sonderburg (verh. mit Wilhelm II., Deutscher Kaiser) 161
August Wilhelm, Prinz von Preußen 157, 158

B

Bach-Zelewski, Erich von dem 166
Ballin, Albert 123, 124
Ball, John 21
Bannon, Stephen 75
Barry, Georgina 99
Bassewitz-Behr, Georg Graf von 166
Bayern, Anna (eigtl. Anna-Natascha Prinzessin von Bayern) 201
Bayern, Franz Herzog von 187
Bayern, Ludwig Prinz von 207
Bayern, Manuel Prinz von 201
Bayezid I., Sultan des Osmanischen Reichs 34

Beatrix, Königin der Niederlande 211
Benedikt XVI., Papst 75
Bentheim-Tecklenburg-Rheda, Adolf Fürst zu 160, 161
Bernadotte, Jean Baptiste Fürst (Karl XIV. Johann, König von Schweden) 224
Bernadotte, Lennart Graf 224
Bernhard, Prinz zur Lippe-Biesterfeld 210, 211
Bernstorff, Andreas Graf von 144, 147, 149
Bernstorff, Johann Heinrich Graf von 122
Bernstorff, Werner Graf von 143, 144
Bezos, Jeff 187
Bismarck, Otto Fürst von 68, 121, 171, 172
Bleichröder, Gerson von 121, 123
Bloch, Marc 29
Blomberg, Werner von 194
Blumenthal, Joachim Friedrich von 131
Böselager, Wilhelm 97
Bourdieu, Pierre 191
Brandenstein, Karl Freiherr von 194
Buckingham und Chandos, Richard Plantagenet 2. Herzog von 61, 62
Buckingham und Chandos, Richard Plantagenet 3. Herzog von 62
Bülow, Gabriele Freifrau von (geb. von Humboldt) 92, 95, 100, 101, 102, 103, 104, 106, 109, 110
Bülow, Heinrich von 92, 95, 103, 110
Bumke, Joachim 30, 31
Byron, Lord (eigtl. George Gordon Noel 6. Baron Byron) 81

C

Campbell, Gordon 117
Campe, Julius 102
Capet, Hugo 212
Carl August, Großherzog von Sachsen-Weimar-Eisenach 115
Carl Eduard, Herzog von Sachsen-Coburg und Gotha 151, 161, 216
Carl, Prinz von Bernadotte 225
Carl XVI. Gustaf, König von Schweden 224
Caroline von Braunschweig-Wolfenbüttel (verh. mit Georg IV., König von Großbritannien und Hannover) 214
Charles, Prinz (Fürst von Wales) 221
Charlotte Joachime von Spanien, Königin von Portugal und Brasilien 226
Christian X., König von Dänemark 220

Clark, Christopher 138
Conze, Eckart 143, 151, 167
Craig, Daniel 170

D

Defoe, Daniel 114
Diderot, Denis 222
Dieterich, Johann Christian 198
Ditfurth, Jutta (eigtl. Gerta Armgard von Ditfurth) 191, 196
Döblin, Alfred 195
Dönhoff, Marion Gräfin 200
Dönhoff, Philip 200
Drewes, Kai 123, 124, 125
Dürer, Albrecht 190

E

Ebel, Peter 129, 134
Eduard VIII., König von Großbritannien und Kaiser von Indien 162
Elisabeth II., Königin von Großbritannien und Nordirland 59, 60, 170, 186, 217
Elisabeth, Kaiserin von Russland 222
Elisabeth von Bayern (verh. mit Franz Joseph I., Kaiser von Österreich) 206, 208
Emanuele Filiberto von Savoyen 219
Enguerran VII. de Coucy 33
Erben, Wilhelm 39
Ernst August, Erbprinz von Hannover 215
Ernst August, Prinz von Hannover 215
Ernst August von Hannover, Herzog von Braunschweig 214
Ernst I., Herzog von Sachsen-Coburg(-Saalfeld) und Gotha 217
Ernst II., Herzog von Sachsen-Coburg und Gotha 216
Esterházy de Galantha, Nikolaus I. Fürst 48, 49, 50
Esterházy de Galantha, Nikolaus II. Fürst 51
Esterházy de Galantha, Paul I. Fürst 47
Esterházy-Galantha-Forchtenstein, Maria Gräfin von (geb. Reichsgräfin Plettenberg-Mietingen) 92, 94, 96, 97, 98, 99, 101, 107
Esterhazy-Galantha-Forchtenstein, Maximilian Ernst von 92, 96
Esterházy-Galantha-Forchtenstein, Nikolaus (»Nicky«) Paul 92, 94, 98, 99
Eugen Moritz, Fürst von Savoyen-Carignan 218
Eugen, Prinz von Savoyen-Carignan 218

F

Felipe VI., König von Spanien 213

Ferdinand II., Kaiser des Heiligen Römischen Reichs 44, 64, 65
Frank, Walter 157
Franz II., Kaiser des Heiligen Römischen Reichs 52, 77, 235
Franz I., König von Frankreich 183
Franz I. (Stephan), Kaiser des Heiligen Römischen Reichs 208
Franz Joseph I., Kaiser von Österreich 204
Franz Joseph, Prinz von Braganza 227
Fried, Johannes 20
Friedrich Christian, Prinz zu Schaumburg-Lippe 158
Friedrich Franz I., Großherzog von Mecklenburg 104
Friedrich I. (Barbarossa), Kaiser des Heiligen Römischen Reichs 38, 214
Friedrich II., der Große, König von Preußen 51, 204, 235
Friedrich III., Kaiser des Heiligen Römischen Reichs 173
Friedrich V., Herzog von Schwaben 38
Friedrich VIII., König von Dänemark 221
Friedrich Wilhelm III., König von Preußen 83, 204
Friedrich Wilhelm II., König von Preußen 107
Friedrich Wilhelm I., König in Preußen 132
Friedrich Wilhelm IV., König von Preußen 107, 192
Fucker, Elisabeth 173
Fucker, Hans 173
Fugger, Anton 178, 179, 180, 181, 182, 183, 187, 189
Fugger-Babenhausen, Alexander Graf 175, 176, 177, 178, 179, 181, 182, 184, 185, 186, 187, 188, 189
Fugger-Babenhausen, Alexandra Fürstin 177
Fugger-Babenhausen, Hubertus Fürst 175, 176, 177, 178, 179, 181, 182, 183, 184, 185, 186, 187, 188, 189
Fugger, Jakob 173, 178, 181, 182, 183, 189
Fugger, Raymund 190
Fürstenberg, Carl 124

G

Gallenberg, Hugo 96
Garibaldi, Giuseppe 218
Gates, Bill 187
Georg Friedrich, Prinz von Preußen 205
Georg IV., König von Großbritannien und Hannover 214
Georg VI., König von Großbritannien 170
Georg Wilhelm, Markgraf von Brandenburg-Bayreuth 115

Goebbels, Joseph 158, 162, 168
Goethe, Johann Wolfgang von 48, 115
Gortschakow, Alexander Michailowitsch Fürst 171
Gottberg, Curt von 166
Grävenitz, Hans von 132
Gsell, Tatjana 205
Guinness, Alec 112

H

Haakon, Kronprinz von Norwegen 201
Habsburg-Lothringen, Eleonore 209
Habsburg-Lothringen, Ferdinand Zvonimir 209
Habsburg-Lothringen, Karl 209
Hagen, William W. 129, 131, 136
Hamilton, Charles 113
Hammerstein, Konstantin von 200
Hannover, Welf-August von 215
Harald V., König von Norwegen 221
Hardenberg, Armgard von 193
Hassell, Ulrich von 167
Haydn, Joseph 49
Hechberger, Werner 15, 23
Hedwig von Anjou, hl., »König« von Polen (verh. mit Jogaila, Großfürst von Litauen) 212
Heinrich der Löwe, Herzog von Sachsen und Bayern 214
Heinrich II., Herzog der Normandie und König von England 55
Heinrich VI., Kaiser des Heiligen Römischen Reichs 28, 31, 38
Helldorf, Wolf-Heinrich von 159
Henrietta Stuart, Prinzessin von England (verh. mit Philippe I, Herzog von Orléans) 212
Herdt, Friedrich Wilhelm 103
Herold, Ferdinand 70
Herrmann, Clärchen 97
Herzl, Theodor 192
Heydrich, Reinhard 163
Hill, Richard 116
Himmler, Heinrich 166, 195, 220
Hindenburg, Paul von 156
Hitler, Adolf 141, 151, 156, 157, 158, 159, 160, 161, 162, 163, 164, 165, 166, 167, 168, 196, 217
Hoare, Sir Richard Colt 117
Hofmans, Greet 211
Hohenlohe, Stephanie von (geb. Richter) 163
Hohenzollern-Emden, Carl Alexander Prinz von 204
Hohenzollern-Emden, Corinna Prinzessin von (geb. Lello da Costa) 204
Hohenzollern, Ferfried Prinz von 205
Hohenzollern, Friedrich Prinz von 205

Hohenzollern, Karl Friedrich Fürst von 205
Holtzendorff, Armgard Maria von (verh. von Enckevort) 193
Humboldt, Adelheid von 93
Humboldt, Alexander von 81
Humboldt, Wilhelm von 92

I

Isabella, Kronprinzessin von Brasilien 226
Isabella von England (verh. mit Enguerrand VII. de Coucy) 34
Iwan VI., Zar von Russland 222

J

Jogaila, Großfürst von Litauen 212
Johann IV., König von Portugal 226
Joseph II., Kaiser des Heiligen Römischen Reichs 39, 48
Juan Carlos I., König von Spanien 213
Juliana (von Oranien-Nassau), Königin der Niederlande 210

K

Karl der Große, Römischer Kaiser 78
Karl Emanuel II., Herzog von Savoyen 218
Karl II., König von Spanien 208
Karl IV., Kaiser des Heiligen Römischen Reichs 233
Karl VII., König von Frankreich 56
Karl V., Kaiser des Heiligen Römischen Reichs 43, 178, 182
Karl XIV. Johann, König von Schweden (geb. Jean Baptiste Bernadotte) 224
Karoly, Louis 94
Karoly, Steffy 94
Katharina II., Kaiserin von Russland 222
Kirdorf, Emil 124
Kirill Wladimirowitsch, Großfürst von Russland 155
Kleist, Andreas Joachim von 132, 133, 135, 136
Kleist, Friedrich Joachim von 128, 134, 137
Kleist, Marie Elisabeth von 133, 137
Klußmann, Uwe 155, 156

L

Landsberg-Velen und Gemen, Friedrich Graf von 71
Landsberg-Velen und Gemen, Johann Ignaz Franz Reichsfreiherr von 69, 70, 71
Larbaud, Valery 112
Lasker-Schüler, Else 193
Lenin, Wladimir Iljitsch 154

Leopold I., Kaiser des Heiligen Römischen Reichs 47
Lévis, Pierre Marc Gaston Duc de 112
Ley, Robert 167
Liechtenstein, Friedrich von 41
Liechtenstein, Heinrich II. von 41
Liechtenstein, Johann Adam Fürst von 48
Liechtenstein, Josef Wenzel Fürst von 49, 51
Liechtenstein, Karl I. Fürst von 43
Liechtenstein, Sophie Erbprinzessin von und zu (geb. Herzogin in Bayern) 207
Lindenfels, Caroline Freifrau von (geb. von Flotow) 91, 94, 96, 98, 99, 102, 105, 107, 109
Lindenfels, Friedrich Freiherr von 91, 94, 102
Lindgren, Astrid 185
Lucci, Antonio 116
Ludwig II., König von Bayern 206
Ludwig I., König von Bayern 207
Ludwig XIV., König von Frankreich 59, 212, 218
Luise von Sachsen-Gotha-Altenburg (verh. mit Ernst I., Herzog von Sachsen-Gotha-Saalfeld; verh. auch mit Alexander Freiherr von Hanstein) 216
Luise zu Mecklenburg (verh. mit Friedrich Wilhelm III., König von Preußen) 204
Luiz Philippe, Prinz von Orléans-Braganza 227
Luther, Martin 43, 191
Lwow, Georgi Jewgenjewitsch Fürst 154

M

Malinowski, Stephan 157, 160
Mancini, Olympia (verh. Fürstin von Savoyen-Carignan) 218
Mann, Thomas 195
Manstein, Erich von 165
Margaret, Prinzessin (Countess of Snowdon) 170
Margrethe II., Königin von Dänemark 221
Maria Luisa Gabriella Prinzessin von Savoyen (verh. mit Philipp IV., König von Spanien) 218
Marianne von Oranien-Nassau (verh. mit Albrecht, Prinz von Preußen) 210
Maria Theresia, Kaiserin des Heiligen Römischen Reichs 40, 48, 51, 208
Maria von Burgund (verh. mit Maximilian I., Kaiser des Heiligen Römischen Reichs) 179, 181
Maria von Teck (gen. Queen Mary; verh. mit Georg V., König

von Großbritannien und Nordirland) 162
Marie Louise d'Orléans (verh. mit Karl II., König von Spanien) 219
Mark Twain (eigtl. Samuel Langhorne Clemens) 176
Markward von Annweiler 28, 31
Matthias, Kaiser des Heiligen Römischen Reichs 44
Maximilian I., Kaiser des Heiligen Römischen Reichs 35, 66, 67, 179, 181, 206, 208
Meir, Gerhard 72
Mette-Marit, Kronprinzessin von Norwegen 201
Michael I., König von Portugal 226
Milatz, Jochen 133
Minkmar, Nils 118
Mirabeau, Honoré Gabriel Riqueti Graf von 79
Mohr, Joachim 77
Mohr, Wolfgang 32
Montez, Lola 207
Mosse, Emilie 125
Müller, Torben 41
Münchhausen, Börries Freiherr von 192, 195
Müntzer, Thomas 35
Musall, Bettina 55, 175
Mussolini, Benito 149

N

Nadolny, Sten 124
Napoleon I., Kaiser der Franzosen 52, 59, 81, 82, 88, 120, 137, 141, 198, 204, 224, 235
Nassau, Henri von, Großherzog von Luxemburg 213
Nikolai Nikolajewitsch, Großfürst von Russland 155
Nikolaus Friedrich Wilhelm, Erbgroßherzog von Oldenburg 220
Nikolaus II., Kaiser von Russland 154, 223
Nikolaus I., Kaiser von Russland 222
Nipperdey, Thomas 123

O

Oexle, Otto Gerhard 22
Oppenheim, Max von 122
Orbán, Viktor 75
Orléans, Marie Louise Élisabeth d' 212
Orléans, Philippe I Herzog von 212
Orléans, Philippe II Herzog von 212
Ottokar II. Přemysl, König von Böhmen 41

P

Panam, Pauline Alexandre 217
Paul, Bruno 145
Perthes, Justus 198

Peter I., der Große, Zar und Kaiser von Russland 222
Peter III., Kaiser von Russland 222
Peter II., Kaiser von Brasilien 226
Peter IV., König von Portugal, als Peter I. Kaiser von Brasilien 226
Pfaffenzeller, Martin 128, 142
Pflaume, Kai 75
Philip, Herzog von Edinburgh 221
Philippe, König der Belgier 217
Philipp II., König von Spanien 210
Philipp I., König von Kastilien und León 67
Philipp IV., der Schöne, König von Frankreich 55
Philipp V., König von Spanien 218
Plessen, Elisabeth (eigtl. Charlotte Marguerite Auguste Gräfin von Plessen) 199
Pocklington, Joseph 114
Proust, Marcel 197

Q

Quitzow, Lütke von 131

R

Rabanne, Paco 72
Rasch, Manfred 63, 68
Rasputin, Grigori Jefimowitsch 223
Rathenau, Walther 121
Raven, Franz von 193
Raven, Gertrud von (geb. von Beust 194
Raven, Gertrud von (geb. von Beust) 193
Reichenau, Walter von 165
Reif, Heinz 146
Repgow, Eike von 30
Romanowa, Marija Wladimirowna 223
Romanow, Olga Andrejewna Prinzessin 223
Rossum, Johannes van 210
Rothermere, Harold Harmsworth 1. Viscount 156, 163
Rothschild, Nathaniel de 121
Rousseau, Jean-Jacques 114
Rudolf, Erzherzog von Österreich 208
Rudolf II., Kaiser des Heiligen Römischen Reichs 44
Rudolf I., römisch-deutscher König 41
Rundstedt, Gerd von 165
Rupprecht, Kronprinz von Bayern 206

S

Salm-Reifferscheidt-Dyck, Auguste Altgräfin zu (geb. Gräfin von Waldburg zu Zeil und Wurzach) 77

Salm-Reifferscheidt-Dyck, Constance Marie Fürstin zu (geb. de Théis; auch verh. de Pipelet) 81, 84, 86
Salm-Reifferscheidt-Dyck, Franz Altgraf zu 77
Salm-Reifferscheidt-Dyck, Joseph Fürst zu 78, 79, 80, 81, 82, 83, 84, 86, 87
Saltzwedel, Johannes 28, 40
Sayn-Wittgenstein-Sayn, Marianne Fürstin zu 200
Schaumberg, Caroline von 97
Scherl, August 124
Schierstädt, Hertha von 195
Schiller, Friedrich von 64
Schmiesing, Pauline 98
Schnurr, Eva-Maria 15, 91
Schönburg-Glauchau, Beatrix Gräfin von (geb. Széchényi) 72
Schönburg-Glauchau, Joachim Graf von 72
Schulenburg, Friedrich-Werner Graf von der 167
Schulenburg, Fritz-Dietlof Graf von der 195
Schütt, Christian 136
Sibler, Bernd 75
Sigismund, König von Ungarn 34
Silvia (geb. Sommerlath; verh. mit König Carl XVI. Gustaf, König von Schweden) 224
Simeon II. (Borissowitsch Saxkoburggozki), Zar von Bulgarien 216
Simpson, Wallis 165
Söder, Markus 75
Solms, Reinhard Graf zu 36
Spät, Patrick 113
Stauffenberg, Claus Schenk Graf von 167, 195
Stauffenberg, Nina Schenk Gräfin von (geb. Freiin von Lerchenfeld) 195
Stendhal (eigtl. Marie Henri Beyle) 82
Stern, Fritz 121
Stieber, Benno 61

T

Talleyrand-Périgord, Charles-Maurice de 80
Tassi, Francisco de (auch Franz von Taxis) 66
Tassis, Janetto de 66
Tasso, Amadeo 66
Taxis, Lamoral von 67
Tellenbach, Hubertus 29
Thurn und Taxis, Gloria Prinzessin von 72, 73, 74, 76
Thurn und Taxis, Johannes Prinz von 73
Tocqueville, Alexis de 88, 90
Tolstoi, Alexei Nikolajewitsch Graf 155
Trump, Donald 75
Tuchman, Barbara 34

U

Ullstein, Franz 124
Ullstein, Karl 125
Ullstein, Leopold 125
Urbach, Karina 162

V

Vetsera, Mary 208
Victoria, Königin von Großbritannien und Irland 61, 161, 214, 216
Victoria, Kronprinzessin von Schweden (verh. Westling) 225
Viktor Emanuel II., König von Italien 218
Viktor Emanuel, Kronprinz von Italien 219
Voltaire (eigtl. François Marie Arouet) 213
Voß, Otto Carl Friedrich von 138

W

Wallenstein (eigtl. Waldstein), Albrecht Wenzel Eusebius von (Herzog von Friedland) 64, 65, 66
Wallenstein, Lukretia von (geb. Nickeß von Landeck) 64
Warburg, Max 124
Weber, Max 146
Wedel, Erhard Graf von 159
Wehler, Hans-Ulrich 124
Welf I. 215
Wellnitz, Anke 170
Wenzel I. Přemysl, König von Böhmen 41
Wiedemann, Fritz 163
Wilhelm I., Deutscher Kaiser 216
Wilhelm II., Deutscher Kaiser 147, 151, 192, 204, 220
Wilhelm I. von Oranien 210
Wilhelm, Kronprinz von Preußen 151, 156, 160, 163
William, Herzog von Cambridge 220
Witte, Hans de 65
Witzleben, Erwin von 167
Wolfram von Eschenbach 31, 32, 33
Woyrsch, Udo von 166
Wrangel, Pjotr Nikolajewitsch Baron 155

Z

Zwantzig, Zacharias 48

BILDNACHWEIS

Vorsatzgrafik: akg-images
Seite 30: Hans-Günther OED/SZ Photo
Seite 50: Erich Lessing/akg
Seite 74: Ron Galella Collection/Getty Images
Seite 83: ARKIVI/akg-images
Seite 103: Hargesheimer Kunstauktionen
Seite 122: Max Freiherr von Oppenheim Stiftung
Seite 130: Süddeutsche Zeitung
Seite 130: Friedrich Seidenstücker/bpk
Seite 145: akg-images
Seite 160: Bundesarchiv Koblenz
Seite 164: Ullstein Bild
Seite 172: United Archives/ddp
Seite 180: Staatlichen Kunsthalle Karlsruhe
Seite 202: Jeppe Bøje Nielsen
Seite 233: Getty Images
Nachsatzgrafik: Ullstein Bild/Getty Images